HELEN MONNET

Les **101 règles d'or** pour ne pas **stresser**

D1513581

Direction de la publication :
Isabelle Jeuge-Maynart et Ghislaine Stora
Direction éditoriale : Catherine Delprat
Responsable éditoriale : Bethsabée Blumel
Conception de la maquette et mise en pages : Belle Page
Couverture : Valentin Binoche
Fabrication : Donia Faiz

© Larousse, 2015
ISBN : 978-2-03-587975-2

HELEN MONNET

Les **101 règles d'or** pour ne pas **stresser**

LAROUSSE

SOMMAIRE

STOP **43**

CONSCIENCE DE SOI **57**

PLUS ZEN AU BOULOT 73

TRAVAIL SUR SOI **117**

Kit de première urgence

1 Res-pi-rez !

Cela semble évident, mais encore faut-il le faire !
Et ce, CONSCIEMMENT ! En effet, inspirer puis expirer
profondément peut suffire pour prendre très rapidement
de la distance vis-à-vis d'une situation stressante.

Privilégiez la respiration abdominale

Elle est plus efficace à court terme, en fermant les yeux si possible.
Cela vous facilitera la tâche pour visualiser le centre de votre
abdomen (c'est le moment ou jamais d'être nombriliste !).

　＊ Vous voyez monter votre ventre durant l'inspiration
et redescendre à l'expiration. Lentement. Sans forcer.

　＊ Puis vous augmentez peu à peu l'amplitude des deux
mouvements respiratoires.

　＊ Concentrez-vous uniquement sur la sensation de gonflement
et de relâchement. C'est fort agréable, vous verrez ! Et pendant
ce temps, essayez de ne penser à rien.

　＊ Effectuer cette respiration consciente, ne serait-ce qu'une
à deux minutes, vous recentrera, en éloignant peu à peu de votre
mental les émotions perturbatrices (la peur, l'énervement,
le sentiment d'injustice, voire la colère…)

Restons zen !

　＊ Pour vous y aider, vous pouvez prononcer, mentalement
ou non, cette phrase : « restons zen ! » l'emploi implicite du « nous »
vous délivrera de l'affreux sentiment de solitude ressenti lors
d'un stress.

　＊ Ainsi, en vous reliant aux autres, vous relativiserez votre vécu.
De plus, si vous vous autorisez à prononcer cette injonction à haute
voix, vous prendrez davantage conscience de votre maîtrise.

　＊ Et si d'autres personnes se trouvent près de vous, elles
pourront constater, en vous entendant, que vous ne vous laissez
pas entamer par le stress. Cela peut même leur donner envie
de vous imiter, qui sait ?

2 Coupez votre téléphone portable

*Et «couper», c'est «éteindre»! Laisser votre portable
sur le mode «vibreur» ou «silencieux» peut vous jouer
des tours et vous distraire de votre lâcher-prise qui,
incomplet, ne saurait être bénéfique.*

En effet, si vous restez un tant soit peu en lien avec le monde
extérieur, vous ne pourrez pas prendre conscience de là où vous
en êtes intérieurement sur le plan énergétique ou émotionnel.

Il vous distrait du moment présent

Et donc, vous ne pourrez vivre authentiquement et intensément
la ressource cachée du moment présent, sans laquelle
vous ne pourrez prendre de la distance avec votre problème.

Il vous déconcentre

Le portable est un appareil fort utile mais, de par ses multiples
fonctions, il vous replonge immanquablement dans le chaos dont
vous avez justement tenté de vous extirper!

   La sonnerie ou la vibration du portable vous déconcentre
souvent bien plus que vous ne l'imaginez, car son audition réactive
en vous une sensibilité exacerbée, surtout si vous avez la riche idée
de regarder ce qui a déclenché cette expression sonore :
un message – «ah oui, zut, je dois répondre à un tel» ou pire,
la photo d'un interlocuteur!

Il vous place dans un espace virtuel

En fait, le portable émettant un son vous met rarement face
à une réalité tangible mais plutôt face à une projection mentale.
Il anticipe une situation virtuelle, ce qui est contre-productif.

   Ainsi, en éteignant bien votre portable, vous accomplissez
un choix essentiel : celui d'être à l'écoute sincère et unique
de vous-même! Comme dirait une certaine publicité :
«Vous le valez bien!», non?

3 Bâillez

Vous n'avez pas envie de bâiller ? Faites semblant !
Cela ne vous paraît pas crédible ? Expérimentez !

Chaque fois que vous vous sentez nerveux ou tendu, imitez
un bâillement : cela entraîne de façon automatique les réflexes
physiologiques correspondant à un vrai.

Ouvrez grande la bouche en étirant votre mâchoire,
puis mimez le bâillement en le faisant partir du fond de votre
gorge. Moins de 2 minutes après, vous aurez vraiment envie
de bâiller ! N'est-ce pas délicieux de bâiller tout son saoul ?

Et plus vous bâillerez pleinement, plus vous serez relaxé
et retrouverez votre clarté d'esprit.

En outre, si vous avez un voisin face à vous, il y a des chances
que celui-ci se lance à votre suite.

Bâiller de concert, c'est plus sympa non ?

À SAVOIR La réplication du bâillement est initiée invo-
lontairement. Le bâilleur-déclencheur n'éprouve aucun désir de
faire bâiller, comme le spectateur-receveur n'a pas conscience
d'un désir de bâiller. Le bâillement de ce dernier est aussi initié
de façon involontaire, mais seulement si son niveau de vigilance l'autorise : un niveau de vigilance optimum ne permettra
pas le déclenchement du bâillement.

Comment se déclenche cette réplication ? La vue est un puissant
stimulant. Mais elle se situe à un niveau « basique » : elle est indé-
pendante de la connaissance préalable du bailleur-déclencheur,
ni de ses caractéristiques socioculturelles. Le bâillement serait-il
ainsi un préalable à une rencontre sans préjugés ?

4 Visualisez ceux que vous aimez

Parmi tous vos proches, parents ou amis, vous pouvez distinguer plusieurs catégories de personnes.

 ❋ **Il y a ceux qui vous font rire gentiment** et que vous agacez forcément un peu ;
 ❋ **Ceux que vous appréciez beaucoup** mais pour qui vous êtes assez transparent ;
 ❋ **Ceux que vous aimez plus qu'ils ne le méritent vraiment...**
 ❋ Et **ceux à qui vous vouez un amour inconditionnel...**
Et qui vous le rendent bien, contre vents et marées.
Passez en revue cette dernière catégorie de personnes. A priori, ce sera vite fait, il ne vous faudra pas plus des doigts d'une seule main pour les compter !
 ❋ **Visualisez leurs visages,** d'aujourd'hui ou d'autrefois, avec un sourire éclatant et des yeux pleins de compréhension et d'indulgence.
 ❋ **Choisissez** spontanément quelqu'un en particulier. Remémorez-vous son parfum favori, la forme de ses mains, son allure vestimentaire, sa démarche, son timbre vocal, etc.
 ❋ **Souvenez-vous de tous les beaux moments** où cet être humain vous a écouté(e) avec attention, soutenu(e) moralement et/ou matériellement, pris(e) dans ses bras ou embrassé(e) avec tendresse.
 ❋ Il y a de fortes chances qu'une légère **montée d'émotion** survienne : surtout ne la repoussez pas, mais **puisez de la force** en elle pour vous régénérer.
 ❋ Lorsque vous aurez mouillé un mouchoir et respiré un grand coup, vous verrez la lucidité que vous aurez gagnée sur votre situation présente et votre stress commencera à s'estomper.
 Puis une belle énergie montera peu à peu en vous et vous saurez repartir du bon pied !

5 Marchez

En fait, il ne s'agit pas de marcher pour marcher :
cela n'apporte aucun «lâcher prise».

L'idée est plutôt de pratiquer une **marche consciente**,
durant quinze à trente minutes, à l'intérieur ou à l'extérieur.

* L'extérieur vous procure un air frais mais vous risquez de vous
laisser envahir par l'agitation ambiante (évitez les boulevards
à l'heure de pointe!) et de vous déplacer trop vite.

* À l'intérieur, vous serez plus facilement concentré mais vous
devrez bénéficier d'une surface suffisante (ne vous cognez pas
contre la litière du chat!) pour effectuer des cycles de trente
à quarante pas environ.

Votre posture de marcheur

Tenez-vous droit, les yeux fixés au sol à un mètre ou deux
de distance.

Et le plus important : marchez assez lentement, le pied nu ou
chaussé – les talons aiguilles sont déconseillés! – de façon à bien
ressentir la pose de la voûte plantaire sur le sol puis son décollement.

À chaque pas, observez si c'est une sensation agréable ou désagréable

Une fois que vous aurez suffisamment ancré le rythme de cette
marche en vous, si vous vous sentez encore agité, frustré, voire
en colère, vous pouvez vous concentrer sur ce que vous avez
récemment fait de satisfaisant pour vous ou pour autrui. Et quand
le calme sera revenu dans votre esprit, arrêtez-vous, et savourez-le!

À SAVOIR La marche à la lumière du jour permet de régu-
ler les cycles de sommeil et d'augmenter le taux de sérotonine,
qui régule l'humeur. Une marche régulière est excellente pour le
système cardio-vasculaire et favorise le transit intestinal.

6 Imitez le calme

Vous bouillez intérieurement ? Vous êtes au bord des larmes ? Si vous ne pouvez retrouver le calme, imitez-en la forme !

Vous croyez que je me moque de vous ? Eh bien sachez que, du point de vue physiologique, votre système nerveux central n'y verra que du feu !

Commencez par adopter une posture des plus dignes, en évitant au maximum la crispation. Concentrez votre mental sur quelqu'un, qui, pour vous, représente le calme :

* **un(e) parent(e) ou ami(e)** à l'allure tranquillement imposante ;
* **un personnage illustre de fiction** au charme impassible ;
* **un héros de la vie réelle** au flegme imperturbable.

Imaginez ensuite que vous vous transformez soudain en un acteur que filme une caméra. Vous allez vous préparer à incarner un alter ego de cette personne.

* Tout d'abord, mettez-vous en valeur : rajustez votre cravate, boutonnez votre veste, replacez votre pendentif, arrangez vos cheveux, ôtez vos lunettes – au moins vous serez dans le flou artistique, etc.

* Puis ralentissez systématiquement tous vos gestes et focalisez-vous sur eux, comme si chacun faisait l'objet d'un gros plan : vous savez, comme dans un thriller où le suspect est scruté de la tête aux pieds

* Souriez posément à toute personne que vous croisez (évitez toutefois le « côté Colgate », surtout si vous la sentez énervée !)

Prenez-vous ainsi au jeu durant au moins 15 minutes : vous pourrez constater que votre rôle de composition n'en sera plus un !

7 Contemplez un arbre

Cette règle s'adresse prioritairement aux citadins (quoique...). Quel que soit le temps, précipitez-vous au bas de votre immeuble ou mieux dans un jardin public.

Choisissez un arbre. Admirez l'harmonie qui se dégage globalement de ce végétal, depuis la grosseur des racines jusqu'à la forme de la frondaison. Puis observez la taille et l'inclinaison des branches, le dessin et la couleur des feuilles.

Appliquez ensuite toute la surface de la paume de votre main contre son écorce et demeurez ainsi en contact une dizaine de minutes, sans bouger, en fermant les yeux :

* Appréciez la texture rugueuse du tronc.
* Imaginez la sève circulante de l'arbre s'écoulant à l'intérieur.
* Ressentez l'énergie que l'arbre dégage et vous communique.

Pensez que vous êtes comme cet arbre : son essence est digne de respect, avant toute autre considération. **Vous prendrez alors conscience de votre statut privilégié d'ÊTRE VIVANT et vous vous en réjouirez !**

À SAVOIR Chez les Celtes, chaque arbre possède une signification particulière :

Le chêne : formant avec l'éclair un couple de forces inséparables, il est synonyme de prestance, de sécurité et de volonté.

Le figuier : il représente l'appétit de vivre, mais aussi le juste milieu entre joie et sensualité.

Le tilleul : grâce à son parfum, il est le symbole de la tendresse.

L'orme : symbole à la fois de silence et d'activité, il représente la dignité et la noblesse.

Le pin sylvestre : sa durabilité et sa ténacité en font l'arbre de longue vie.

8 Souriez au premier venu

*Vous n'en avez guère envie en ce moment, on s'en doute...
C'est plutôt vous qui voudriez recevoir un sourire,
n'est-ce pas ?*

Donc, par définition, vous êtes fort bien placé pour en ressentir
la valeur. **Or vous connaissez la maxime : «Qui donne, reçoit».**
Qu'en pensez-vous ?

 ✱ Alors, lancez-vous ! Et ne réfléchissez pas trop – surtout
si vous êtes une passagère du métro parisien !

 ✱ Toutefois, si vous ne voulez prendre aucun risque, commencez
par sourire à un animal – a priori, aucune mauvaise interprétation
possible !

 ✱ **Puis souriez à un enfant** – plus il sera jeune, plus ce sera facile
et la probabilité sera élevée qu'il vous le rende rapidement !

 ✱ **Vous pouvez aussi offrir un sourire à une personne âgée,**
mais il ne doit contenir aucune once de pitié envers ses rides.

 Inutile d'accompagner votre sourire d'une parole, celle-ci pourrait
être malvenue et gâcherait la beauté de votre expression.

 Votre premier sourire sera sûrement timide, un peu figé,
il manquera peut-être de naturel, mais qu'importe !

 S'il est sincère et donné droit dans les yeux, il saura toucher
autrui. Et ce sourire vous sera rendu, immanquablement,
à un moment ou un autre, soyez-en sûr !

À RETENIR Sourire à quelqu'un est l'une des meilleures
diversions à votre souci, quel qu'il soit. Car en vous oubliant un
instant en faveur d'autrui, vous vous retrouverez, autrement,
plus vrai et joyeux. C'est donc aussi à vous que vous aurez offert
un sourire. Qui l'eût cru ?

9 Prenez des Fleurs de Bach

On nomme habituellement «Fleurs de Bach» un ensemble de 38 élixirs floraux originaux créés par le Dr Bach, rééquilibrant les émotions perturbatrices.

Cette démarche non allopathique fait davantage appel à la sensibilité du sujet qu'à un système de diagnostic/traitement. Elle a l'avantage de ne présenter aucun effet secondaire et d'être disponible en petits flacons. Pour une levée rapide du stress et en douceur, voici trois remèdes à utiliser :

1. En cas de choc émotionnel ou physique (mauvaise nouvelle, agression, perte), Rescue® est un classique : mélange de 5 élixirs, il fait office de «premier secours» en cas d'urgence émotive. Il apaise en profondeur et permet de «retrouver ses esprits».
Posologie : 3 à 4 gouttes au moment du choc, en général pures, puis 15 minutes plus tard.

2. En cas d'agitation mentale (surmenage, fatigue prolongée) : le marronnier blanc chasse les pensées ou souvenirs obsédants et permet de retrouver une certaine sérénité comme de clarifier les idées. Il est aussi très utile en cas d'insomnie.
Posologie : quelques gouttes plusieurs fois par jour et les dernières au coucher.

3. En cas d'insatisfaction permanente et de découragement chronique (dû par exemple à un certain perfectionnisme), le pin élimine votre sentiment de culpabilité et favorise l'acceptation de vos responsabilités.
Posologie : cf. celle du marronnier blanc.

À vous d'expérimenter à présent !

> MON CONSEIL. Les Fleurs de Bach ne sont pas des potions magiques ! Leur utilisation nécessite un minimum de connaissance de soi et de discernement. Si vos ressentis négatifs persistent malgré les prises, consultez un médecin ou un psychothérapeute.

10 Autorisez-vous à exprimer vos émotions

Connaissez-vous l'adage : « Tout ce qui ne détruit pas rend plus fort » ? C'est particulièrement le cas de l'expression des émotions : les exprimer pleinement exige certes un effort – principalement de l'ego.

Mais une fois les émotions évacuées grâce au corps, une sensation de libération survient. Il suffit de se donner l'autorisation de cette « expulsion » :

OK, mais comment agir ?

✳ Vous sentez monter en vous une émotion. Ne vous demandez pas si elle est justifiée ou non : **constatez juste sa présence**.

✳ **Ne la refoulez SURTOUT PAS** – ce qui est le premier réflexe.

✳ Si vous êtes seul, fermez votre porte à clé au cas où quelqu'un survienne (sauf un animal). Sinon, dirigez-vous vers le premier « lieu d'aisance » venu. Une pièce calme fera l'affaire.

✳ Puis imaginez-vous comme un enfant en souffrance. Pensez à votre bonne mère intérieure qui accueille cette émotion.

✳ En cas de tristesse, pensez fortement à sa source.

✳ Laissez poindre puis couler les larmes le plus possible

jusqu'à COMPLÈTE extinction. Si vous avez du mal à pleurer, souvenez-vous d'un événement bouleversant.

  ✳ En cas de colère, pensez fortement à sa source.
Serrez les poings (et non les dents) et émettez un grondement tout en poussant votre bas-ventre vers l'avant. Continuez jusqu'à ce que le calme revienne. Aux toilettes, vous pouvez déchirer le papier hygiénique en petits morceaux, ça aide ! Si vous avez du mal à tempêter, souvenez-vous d'une situation vraiment détestable.

  ✳ Enfin, respirez profondément. **Puis souriez. Ça va mieux, non ?**

MON CONSEIL Par leur simple présence, les chiens ou les chats sont vos meilleurs alliés pour expulser vos émotions. N'hésitez pas à les prendre à témoins !

---

11 Un stress peut en cacher un autre

De nos jours, le mot « stress » est assez galvaudé. Or, il recouvre de nombreuses réalités différentes. Il est donc crucial de vous situer vis-à-vis du mal-être ou de la tension que vous vivez.

Deux formes de stress

  ✳ **À son premier niveau dit « aigu »,** le stress est une réaction normale de votre organisme face à un danger : il apporte une réponse appropriée pour y faire face rapidement. Le système nerveux central (sa partie orthosympathique) secrète un premier type d'hormones entraînant l'acuité et l'énergie nécessaires à cette réactivité.

Une fois le danger (réel ou imaginaire) surmonté, votre corps va en quelque sorte «décélérer» et revenir à son rythme habituel. Vous vous sentirez soulagé.

✳ **En revanche, si le danger se manifeste de nouveau et fréquemment, votre réponse nerveuse sera trop sollicitée** et produira un second type d'hormones inadéquates. Vous entrerez peu à peu dans le stress dit «chronique», pathologique.

L'objectif de cette règle est simplement de vous permettre d'être VIGILANT, en vue de PRÉVENIR au maximum le deuxième degré de stress.

QUELQUES CONSEILS

– Observez les modifications soudaines de votre comportement.

– Soyez attentif aux remarques de vos proches à ce sujet.

– Écoutez les messages perturbateurs de votre corps (cf. règle n° 38).

– Identifiez le plus précisément possible ce qui VOUS stresse : chacun a sa façon d'être stressé.

– Orientez-vous vite vers des solutions pour ne pas laisser un processus dommageable s'enclencher.

12 Faites-vous plaisir !

Vous n'êtes pas sans savoir que le plaisir chasse souvent le stress. D'ailleurs, Oscar Wilde affirmait que «les plaisirs simples constituent le dernier refuge des êtres complexes».

Or quoi de plus complexe qu'un *Homo sapiens* du xxie siècle !
Mais qu'est-ce qu'un «plaisir simple» ? C'est un moment de sérénité, facile à atteindre, où sensorialité et sérénité se conjuguent.
Utilisez vos cinq sens avec intelligence et imagination.
Il vous sera ainsi possible de créer une petite bulle de vie agréable.
Pour en jouir pleinement, il vous faudra ajouter deux ingrédients indispensables.

1. L'autorisation
Laissez de côté votre «Père Fouettard» intérieur, et pour une fois, sachez être une mère suffisamment bonne pour vous-même.
Accordez-vous la permission d'un moment épanouissant auquel vous avez droit, sans condition aucune.

2. La lenteur
La tranquillité morale étant acquise, un ralentissement de votre rythme habituel sera votre meilleur allié. Car c'est en donnant à vos gestes toute leur amplitude que vos sens pourront s'éveiller intensément et vous offrir le meilleur !

* Ensuite, le plus important sera de vous montrer inventif, de jouer avec votre sensorialité, il y a toujours un ou deux sens plus développés chez chacun d'entre nous.

* Enfin, vous prendrez soin de bien noter votre ressenti, afin qu'il s'imprime dans votre mémoire. Cet ancrage dans vos neurones rendra ce «plaisir simple» plus intense mais aussi plus pérenne.
Vous voilà prêt ?

Carpe ðiem

13 Appréciez le moment présent

De nombreux problèmes quotidiens proviennent de la difficulté à apprécier le moment présent, tel qu'il est. En effet, le mental replonge soit dans le passé : «Ah si je pouvais revivre mes amours avec Charles-Henri!» Soit il s'exporte dans le futur : «Quand je n'aurai plus ce c. d'inspecteur sur le dos, je pourrai enfin souffler!»

Vouloir échapper à l'ici et maintenant, surtout quand il est pénible est tout à fait compréhensible, sauf que… le seul instant qu'il est possible de maîtriser est justement l'instant présent!

   ✳ En effet, le passé est trépassé, paix à son âme, alors ne le ressassez pas, laissez le reposer car vous ne le changerez pas!

   ✳ Le futur n'existe pas encore, alors ne cherchez pas ce qu'il sera puisqu'il dépend de choses que vous ignorez!

   Faites ce constat : la comparaison répétée du présent avec la mémoire du passé ou avec un hypothétique futur accapare beaucoup de votre énergie et surtout colore le présent en noir. Or le moment présent est neutre, puisque vous ne l'avez JAMAIS vécu! C'est en réalisant cela, et en laissant de côté sans regret ce qui n'appartient plus ou pas encore au présent que vous serez en prise directe avec la réalité.

   Ainsi, sachez profiter du présent :

   ✳ **Faites-lui face,** franchement, sans espoir ni crainte. Vous verrez qu'il n'est pas si terrible.

   ✳ **Soyez opportuniste** et explorez ce que le présent peut vous offrir de positif, là, tout de suite : il recèle vraiment des ressources insoupçonnées.

   ✳ Instant après instant, **décidez de vous concentrer exclusivement sur lui** et de vous en faire un allié.

   Vous prendrez alors conscience que vous vivez plus pleinement, de façon inédite et créative.

14 Faites une pause solaire

Mais oui, vous êtes aussi une belle plante ! Et donc un minimum de soleil vous est indispensable en vue de conserver votre bien-être physique et psychique.

La luminosité de cet astre active la sécrétion de vitamine D, un oligo-élément essentiel à l'organisme. Dès que le soleil apparaît le matin, saluez-le quelques instants : vous penserez ainsi à vous exposer durant la journée. Notamment si vous travaillez sur ordinateur dans un bureau :

Dès l'apparition du moindre rayon, abandonnez-vous à sa clarté, bien assis près d'une fenêtre ou sur un balcon, de préférence avant 11 heures ou après 14 heures.

Les yeux clos, durant au moins dix minutes, laissez-vous **gagner** par sa chaleur bienfaisante sur votre visage, vos mains et vos avant-bras. Cette pause aura en plus l'avantage de faire chuter votre fatigue oculaire accumulée face à l'écran.

Il suffisait d'y penser, non ?

À SAVOIR La vitamine D joue un grand rôle au niveau du métabolisme du calcium corporel, du fonctionnement des muscles et de la croissance cellulaire. Des études montrent qu'elle interviendrait dans la prévention de certains cancers, du diabète et de maladies impliquant le système immunitaire ainsi que dans la protection contre les maladies cardiaques.

On en trouve dans les poissons gras (saumon, thon rouge, hareng), le lait de vache, les boissons de soya et de riz, la margarine et le jaune d'œuf.

Entre 1 et 70 ans, une dose de 600 UI/jour est nécessaire pour ne pas être carencé.

15 Savourez quelque chose de bon

Attention : savourer ne signifie pas forcément déguster ! Savourer correspond à une innocente facette de la gourmandise.

Cela implique de donner de la valeur au ressenti gustatif pour le développer ensuite dans la durée. Donc le but n'est pas seulement de passer un moment de plaisir – ce qui est déjà très bien ! – mais aussi de se concentrer sur ses effets positifs à terme, afin d'ancrer davantage l'expérience au fond de vous.

En effet, savourer un met quel qu'il soit exige aussi un minimum de temps, pour ne pas dire une certaine lenteur, pour (re)découvrir :

* **la chance** que vous avez de connaître ces instants bénis,
* **la spécificité**, voire parfois la singularité, du bien-être obtenu,
* **la prolongation** de ce doux agrément.

En savourant, par exemple, un très bon chocolat, vous irez plus loin que simplement vous accorder «quelques grammes de douceur dans un monde de bruts», pour reprendre une formule bien connue.

* Vous réaliserez la gentillesse de la personne qui vous l'offre – cela peut être vous ! – dans un pays où cette denrée est accessible.
* Vous explorerez les différentes facettes de son goût particulier. Ah cette ganache praliné !, Oh l'intensité de ce cacao !
* Une fois avalé, il vous restera une trace de suavité au palais que vous graverez dans votre mémoire, en l'associant à autre chose : l'éclat de la journée, le sourire de votre hôte, le calme de l'endroit où vous vous trouvez…

Enfin… ne vous prenez tout de même pas trop pour Marcel Proust !

16 Programmez une journée sans rien de prévu

Vous allez poser une RTT ? Très bien, mais SURTOUT ne prévoyez rien. Laissez-vous aller à envisager un espace de temps de 12 heures et plus, vierge de toute activité habituelle. Et la veille de la date fixée, n'oubliez pas de tenir la promesse d'imprévu que vous vous êtes faite à vous-même.

Le jour J est arrivé.

    ✳ Accordez-vous une petite grasse matinée.

    ✳ Une fois votre petit déjeuner pris (et si vous vous offriez, pour une fois, un vrai breakfast ou un bento dans un restaurant chinois ?) invitez-vous en promenade, sans réfléchir – sauf peut-être à mettre des baskets et prendre un parapluie.

Mode d'emploi détaillé

    ✳ **Avant tout, cheminez sans but précis** au fil des rues, au gré de votre seule intuition. Interdisez-vous par avance de consulter un plan.

    ✳ **Laissez-vous aussi guider** par les feux tricolores, rougissant ou verdissant juste devant vous.

    ✳ **Considérez votre cité comme une ville étrangère,** que vous viendriez découvrir, tel un touriste, pour la première fois.

    ✳ **Appliquez-vous à demeurer dans la contemplation** – prière d'oublier sa feuille d'impôts arrivée la veille ou les états d'âme de sa vieille mère – et dans ce but, n'adressez la parole qu'a minima (réservez ce privilège aux seuls garçons de café).

⁕ **Osez la curiosité** et fuyez comme la peste les a priori, de même que tout sentier trop battu pouvant rappeler un souvenir marquant (agréable ou non).

⁕ **Recherchez la beauté sous la laideur apparente** et l'insolite sous l'estampillé « convenu ».

⁕ Évitez ainsi d'arpenter les grandes artères et **préférez les petites voies.**

> ULTIME CONSEIL Au besoin, empressez-vous d'oublier tous ces principes : l'instant présent a toujours raison !

17 Rendez visite à votre intériorité sensorielle

Un autre moyen de vous déstresser vous viendra de l'écoute de vos sensations. Pour cela, prévoyez une demi-journée de liberté à la campagne.

Une fois à destination, créez du silence autour de vous. En effet, afin de goûter INTENSÉMENT au plaisir sensoriel, le silence est indispensable. Voici quelques petits riens qui font tout mais à vous d'inventer les vôtres.

Prenez soin de votre corps

⁕ **Embellissez votre corps** (bain, épilation, gommage, crème hydratante, manucure, parfum, etc.).

⁕ Faites-lui accomplir **un exercice de votre choix** (étirements, Pilates, body balance, etc.) savamment dosé et sur un mode ludique.

✳ **Écoutez ses vibrations** puis laissez s'échapper des sons, d'intensité variable, et de façon instinctive.

✳ **Enfin, souriez-vous,** nu(e), devant un grand miroir.

Vivez le rituel du thé

✳ **Préparez-vous un thé avec application.** Choisissez une jolie tasse et décorez un plateau d'une fleur. Versez lentement le thé.

✳ **Déposez la tasse face à vous,** puis asseyez-vous confortablement et fermez les yeux. Placez vos mains de part et d'autre de la tasse. Ressentez la chaleur dans vos paumes.

✳ **Puis, les yeux toujours clos, savourez le thé,** en faisant une pause entre chaque gorgée. Sentez la boisson revitaliser votre corps.

Jouissez de la nature

✳ **Regardez le jeu du soleil** dans le feuillage d'un arbre, caressez un pétale de fleur.

✳ **Imitez le chant d'un oiseau** pour converser avec lui.

✳ **Les yeux clos, ressentez le passage du vent sur votre peau** ou la chaleur du soleil y pénétrer…

Il était temps de vous offrir ce cadeau, non ?

18 Écoutez la nature

À la règle n° 7, vous avez apprécié la présence d'un arbre. Mais il y a aussi d'autres manières de vous mettre à l'écoute de la nature.

Bien sûr, on peut s'isoler dans un espace naturel

* Après avoir pris le temps de vous poser en effectuant plusieurs respirations profondes, fermez les yeux et focalisez-vous sur les multiples bruits du lieu où vous êtes.

* Essayez de percevoir le dialogue des divers oiseaux, le bruissement du vent dans les végétaux, le mugissement des bovidés ou encore le bourdonnement des insectes. Cela devrait vous ravir – dans les deux sens du terme.

Ensuite, écouter la nature, c'est aussi écouter sa nature

Êtes-vous, par exemple, en harmonie avec la saison ?

* **En hiver,** vous octroyez-vous le **confort d'hiberner** ? (Eh oui, vous êtes aussi un mammifère !) Vous éviterez ainsi certains maux respiratoires.

* **Au printemps, savourez-vous chaque jour les nouveaux fruits de saison,** par ordre d'apparition au marché ? Vous fournirez à votre corps engourdi par les frimas un apport en vitamines pour lui redonner de la vigueur.

* **En été, allez-vous assister à la magie de «l'heure bleue»,** cet instant précis, où, juste après l'aube, la nature se tait, respectueuse du jour naissant ? Vous y découvrirez la joie de vous sentir en accord profond avec le «Tout».

* **En automne, prenez-vous le temps de contempler le camaïeu rouge orangé jaune des feuillus ?** Vous vivrez ainsi mieux l'impermanence universelle des choses et des êtres.

Bon test pour voir si vous êtes encore un humain normalement constitué, non ?

19 Chantez sous la douche

*Les bienfaits d'une bonne douche pour se détresser
sont connus : l'eau a la vertu naturelle de purifier et de faire
reprendre contact plus facilement avec le corps.*

Sachez que le son renforce cette impression de bien-être.
Car il ne s'agit pas ici de «connaître la chanson»! En effet,
ne choisissez pas un air particulier ; l'important est de vous centrer
sur la sensation du son en soi :

   ✳ Faites couler l'eau sur vous à la température qui vous convient,
a priori pas trop fraîche, car l'exercice proposé ci-après doit durer
au moins quinze minutes pour être efficace. Ce serait dommage
de prendre un coup de froid…

   ✳ Fermez d'abord les yeux. Puis émettez et visualisez
dans l'ordre :

   – le son «**A**» et la couleur bleue,

   – le son «**O**» et la couleur verte,

   – le son «**OU**» et la couleur jaune,

   – le son «**E**» et la couleur orange,

   – le son «**I**» et la couleur rouge.

   Au début, la voix sortira probablement éraillée, maladroite.
Ne vous découragez surtout pas !

   ✳ Persévérez en poussant avec votre souffle la cage thoracique
de chaque côté pour dégager la poitrine au maximum : pour
y parvenir, étendez les bras de chaque côté le plus que vous pouvez
– évitez les cabines exiguës !

   ✳ Puis contractez votre muscle périnée autant de fois que
nécessaire : cela permettra au son de se libérer mieux encore.

   ✳ Ne baissez pas la tête – même si c'est tentant : projetez
le son devant vous, comme une offrande à un être aimé ou…
à tout un public si vous vous sentez plus mégalo.

   Mais le plus beau cadeau, ce sera vous qui le recevrez !

20 Prenez un bain avec une huile essentielle

Vous n'en pouvez VRAIMENT PLUS de votre journée ?
Sélectionnez un flacon d'huile essentielle.
Humez son odeur quelques instants. Puis faites
un test sur votre coude pour vérifier qu'aucune réaction
allergique ne se produise.

Si tout va bien une heure plus tard, préparez-vous un bain tiède. Ajoutez-y cinq gouttes de cette huile. Mais quelles huiles choisir en priorité ?

Voici quatre indications complémentaires

* **L'huile de pruche est celle du lâcher prise par excellence :** réconfortante, elle rééquilibre votre système nerveux tout en renforçant vos ressources énergétiques. On la qualifie d'« huile de passage » car elle dissipe les angoisses en dépressives.

* **L'huile de petit grain bigarade est surtout antispasmodique :** vous pourrez l'utiliser pour calmer une ingestion liée à la nervosité, des palpitations et des difficultés respiratoires liées au stress. Apaisante, elle favorisera un sommeil naturel et réparateur.

* **L'huile d'orange douce du Portugal s'utilise en cas d'énervement,** de surmenage, quand pointe le manque de confiance en soi. Par l'atmosphère harmonieuse qu'elle engendre, elle procure de la sérénité – dans l'air ambiant comme dans votre bain et rétablit votre capacité de concentration.

* **L'huile de lavandin est recommandée dans les cas de nervosisme aigu :** il se manifeste notamment par des spasmes du plexus solaire et des insomnies avec réveil nocturne. Elle calmera aussi vos contractures musculaires.

Vous voilà paré(e) !

21 Créez votre bouquet

*Quand le stress pointe le bout de son nez, revisiter
la sensation olfactive est un bon moyen de le faire fuir!*

L'odorat est en effet le sens qui s'est développé en premier
chez le nourrisson que nous avons tous été : nous avons reconnu
le parfum de notre mère avant la forme de son visage. C'est donc
celui qui exerce sur nous la plus forte influence, et peut nous
ramener à l'instant présent lorsque nos diverses préoccupations
nous en éloignent.

Prenez-le temps de rendre visite à un fleuriste

* ✳ Choisissez-en un qui offre un large choix d'espèces florales.
* ✳ Commencez par ressentir cette douce atmosphère humide
qui émane du seuil du magasin.
* ✳ Puis demandez à un vendeur de vous présenter les fleurs
les plus odorantes.
* ✳ Prenez le temps de les humer, une à une, en fermant les yeux,
pour tenter de mémoriser leur parfum.
* ✳ Sélectionnez minutieusement chaque fleur de votre bouquet
selon votre inspiration – c'est le cas de le dire !
* ✳ Puis à la maison, une fois les fleurs dans un vase, humez ce bel
ensemble, toujours les yeux fermés, plusieurs fois, jusqu'à ce que
des images vous viennent en tête : un paysage, une ambiance,
une construction, un tableau, une sculpture…
* ✳ Vous pouvez alors baptiser votre bouquet selon ce qui vous
vient à l'esprit. C'est votre signature «d'artiste-nez/né»!
* ✳ Si vous le souhaitez, proposez à chaque nouvel arrivant
de respirer le bouquet de la même façon, puis de vous décrire
l'image qui lui est apparue spontanément.

Jolie entrée en matière, non ?

22 Offrez-vous un bel objet

Cette règle d'or ne correspondra peut-être pas à une certaine idée du lâcher-prise : quoi ? S'attacher ENCORE à un truc !

Pourtant si on s'attarde sur les mots « offrez » et « bel », les choses peuvent prendre une autre tournure : car s'offrir de la beauté ne signifie pas forcément s'accaparer une marchandise de luxe mais plutôt effectuer un acte de valorisation, générateur d'estime de soi.

* **Cueillir une fleur** en est un exemple.
* **Chiner une ravissante assiette** en porcelaine ébréchée mais qui a connu son heure de gloire en est une autre.
* **Mais nul ne vous retient d'acheter un vêtement griffé hors de prix** (surtout si vous le pouvez) !

Se faire un joli cadeau

Il est ici question de se faire un cadeau de beauté en hommage à notre splendeur intérieure : qualités, élans, dons… Car le lâcher-prise peut AUSSI provenir d'un geste de reconnaissance que l'on se donne, notamment en cas de découragement, de frustration ou d'abandon d'autrui. Cependant, il ne s'agit pas de ce qu'on pourrait appeler une « compensation ». C'est plutôt une jolie façon de compter sur soi-même dans ces moments-là.

Vous allez chercher une ressource extérieure qui rend justice à votre être profond. L'aspect symbolique de l'objet est ainsi primordial. Vivez ce moment comme un rituel, sans toutefois vous prendre trop au sérieux.

Prenez donc tout le temps nécessaire de votre choix !

MON CONSEIL **Pour les bourses un peu plates en cas de crise, voici une suggestion : le poster d'une belle reproduction de tableau ou d'un grand tirage photo, encadré par vos soins.**

23 Forcez-vous à rire

Le rire est le propre de l'homme. Mais voilà : il vous arrive de douter parfois de votre humanité... Et vous commencez à énumérer toutes les bonnes raisons de vous plaindre.

Et si... vous allongiez franchement cette liste, en forçant le trait ? Puis lisez-la à haute voix, façon Calimero, seul ou en compagnie. À un moment, le chapelet de vos misères égrenées vous arrachera un sourire, voire plus !

Poursuivez l'échauffement des zygomatiques

* Pensez aux tours à jouer à votre belle-mère (ou autre).
* Caressez vos pieds nus avec une plume.
* Passez en revue toutes les histoires drôles que vous connaissez.
* Grimacez sans retenue devant votre miroir...

Si, après tout cela, aucune hilarité ne survient, c'est qu'il n'y a vraiment pas de quoi rire ! **Ou que l'on a raison de vous qualifier de « bonnet de nuit » !**

> À SAVOIR Voici les effets relaxants du rire :
> – Au niveau **musculaire** : une onde se propage en partant du niveau facial (relâchement des muscles masticatoires) puis passe par les muscles thoraciques, abdominaux (massage des organes internes, relaxation du diaphragme) et enfin par les muscles du dos des cuisses.
> – Au niveau **respiratoire** : le rire produit une respiration proche du yoga des souffles. La quantité d'air ventilé augmente, pouvant atteindre les 2 litres, au lieu du demi-litre ventilé habituel.
> – Au niveau **neuro-hormonal** : il y a augmentation de la synthèse des hormones endorphines (ex. sérotonine) : elles ont une action antidouleur, diminuent l'anxiété et régularisent l'humeur.

24 Eh bien, dansez maintenant !

Danser n'est pas destiné qu'aux cigales de la fable,
et heureusement ! Pour les fourmis et assimilées,
c'est un formidable exutoire à toute forme de frustration,
d'agacement, ou de fulmination.

Il n'est pas ici question de danse de salon – donc nul besoin
de vous trouver un(e) partenaire adéquat – mais d'une
improvisation dynamique et créative. Avant toute chose,
il est recommandé qu'elle soit très personnelle pour «exsuder»
votre émotion négative et la transformer en vigueur retrouvée.

N'ayez aucune crainte : l'harmonie corporelle vient
spontanément à qui est prêt à s'y adonner.

Il suffit juste de trouver un espace suffisant – une entrée assez
vaste ou un vestibule peu encombré fera l'affaire. Et bien sûr un air
entraînant.

✳ **Le rock ou le disco** de vos quinze/vingt ans vous mettra
en joie à coup sûr : rien de tel que les bons souvenirs pour vous
mettre en mouvement

✳ **Un zouk ou un air de comédie musicale** sera aussi très
efficace, surtout si vous ne cherchez pas à imiter quiconque.

✳ **Et pourquoi pas, selon votre âge et vos envies,**
un standard de jazz américain ou le dernier **tube techno** ?

Obligez-vous juste à lâcher toute pensée et à suivre
le rythme du mieux possible en fonction de votre souffle :
le mieux serait de bien respirer ventralement avant et pendant
votre chorégraphie, pour éviter de vous époumoner.

Enfin, ne cherchez pas à vous mettre en scène (évitez
de vous regarder dans une glace) : cela pourrait gâcher votre belle
spontanéité.

Alors, ça guinche ?

25 Apprenez à vous autorelaxer

*N'attendez pas de trouver un cours de relaxation
ou de yoga : vous êtes tout à fait apte à vous détendre
immédiatement par vous-même ! Si vous disposez d'au
moins 20 minutes, voici comment procéder.*

* **Allongez-vous le plus à plat possible** sur un tapis de gym au sol, un petit coussin sous la tête, voire sous les lombaires, et une couverture sur l'ensemble de votre corps.
* **Desserrez vos ceintures** ou vêtements ajustés.
* **Fermez les paupières.**
* **Procédez à une respiration ventrale** profonde (cf. règle n° 1) une dizaine de fois.
* **Puis ressentez les éventuels endroits douloureux** ou potentiellement sensibles de votre corps et visualisez-les au mieux.
* **Lors de votre expiration,** imaginez que vous envoyez de l'air dans chacune de ces zones corporelles.
* **Effectuez plusieurs expirations** à chaque fois, en ayant le sentiment de rendre visite à des amis très chers que vous allez choyer.
* **Remerciez votre corps** d'être plutôt en bonne santé et goûtez cette satisfaction.
* **Visualisez spontanément un paysage** naturel qui vous plaît, connu ou non.
* **Prenez le temps d'explorer sensoriellement** chaque élément de ce décor. Par ex. : dans un jardin, humez le parfum des fleurs, écoutez les chants d'oiseaux, etc.
* **Suite à cette promenade,** revoyez la pièce dans laquelle vous vous trouvez.
* **Soufflez plusieurs fois fortement** avant de vous étirer et d'ouvrir les yeux.

« Zénitude » assurée !

26 Faites-vous masser

S'abandonner entre les mains d'autrui peut entraîner un véritable relâchement. Au fil du massage, le mental part en vacances et vous laisse un répit. Mais à condition de FAIRE CONFIANCE.

Pour cela, il est primordial de s'adresser à un **professionnel** et de connaître auparavant les bienfaits du massage : relaxation et/ou soin du corps.

Voici trois voies possibles

✻ **Le massage californien :** créé dans les années 1970 à Esalem, c'est un massage sensuel et complet du corps. Auparavant, un bain chaud est recommandé. Le massé est nu et reçoit du masseur de larges mouvements tout le long de son corps, sur le ventre puis sur le dos. Les muscles seront manipulés vigoureusement. Sa durée est de 1 h 30 environ. Vous en sortirez relaxé en profondeur.

✻ **Le massage chinois :** multimillénaire, c'est un art issu de la médecine traditionnelle chinoise. Son but est de renforcer le « Qi » ou énergie vitale circulant dans des méridiens à la surface du corps et mettant en connexion les organes vitaux internes. Le praticien masse les muscles pour les détendre, puis des points d'acupuncture précis. Sa durée est d'une à deux heures. Vous en sortirez détendu et avec une vigueur accrue (surtout le lendemain).

✻ **Le massage ayurvédique :** remontant à 1500 av. J.-C., il vient du mot « ayurveda » (« connaissance de la vie »).

Selon son principe, il existe trois humeurs ou doshas déterminant ce dont le massé a besoin. Ayant des vertus préventives, ce massage vise à éliminer les toxines du corps et à faciliter le sommeil. Le masseur effectue successivement des mouvements de pétrissage, lissage et d'harmonisation. Sa durée est d'environ une heure. Vous en sortirez vraiment régénéré.

Ça vous dit ?

27 Cuisinez pour quelqu'un

Concocter un bon petit plat à quelqu'un est un moyen élégant d'oublier vite tout souci en se concentrant sur une recette qui fera plaisir.

✳ Choisissez un des plats préférés de votre conjoint(e) ou meilleur(e) ami(e), à condition qu'il soit facile à réaliser. Au cas où vous ne seriez pas un «cordon-bleu», vous risqueriez vite d'être envahi(e) par le trac…

✳ Aussi, pour plus de sûreté, procurez-vous une recette, si possible pas trop difficile (optez pour celles présentées dans les blogs de cuisiniers).

✳ Appliquez-vous bien en achetant puis en préparant les ingrédients, pour leur donner un supplément d'âme : c'est là que résidera d'ailleurs votre premier petit plaisir !

✳ Apportez une touche personnelle à la recette : ôtez ou ajoutez un élément qui conviendrait mieux à votre hôte (par exemple de la margarine végétale au lieu du beurre, de la farine de maïs plus légère à digérer que celle de blé, etc.).

✳ Abordez chaque étape de la confection du mets comme une marque d'affection : pensez à votre hôte et à ses qualités humaines

✳ Rehaussez le plat d'une boisson appropriée : vérifiez que votre vin soit de la juste couleur mais aussi du cépage, voire du cru adéquat

✳ Harmonisez la table avec le contenu de l'assiette : prenez le temps de confectionner un camaïeu de couleurs pour mieux mettre en valeur votre plat et ainsi faire saliver davantage…

Vous voilà ainsi le Bocuse de la sérénité à deux !

28 Jouez avec vos enfants

Et si vous consacriez un temps de jeu à vos enfants?
Il ne s'agit pas de jouer longtemps avec eux : c'est
la QUALITÉ du temps que vous leur accordez qui compte!

Un quart d'heure peut tout à fait suffire. L'élément essentiel sera l'**AUTHENTICITÉ** avec laquelle vous souhaitez entrer dans leur univers. Vos enfants se sentiront alors importants à vos yeux : n'ayez donc surtout pas peur du ridicule. C'est ainsi que vous cultiverez un lien basé sur la **COMPLICITÉ** et le **PLAISIR**.

Une jolie surprise au rendez-vous

En jouant avec votre enfant, celui-ci vous connaîtra mieux car vous vous montrerez sous un autre jour. Il vous découvrira rieur, voire farceur, qui sait ?

De votre côté, vous aborderez différemment sa personnalité : vous observerez d'autres aspects de son caractère (par exemple, son côté bon ou mauvais perdant), ce qui vous permettra d'ajuster votre stratégie éducative.

Le jeu : une très bonne thérapie antistress

Ces moments passés avec votre enfant seront un remède antistress : en suivant attentivement le jeu, vous ralentirez votre rythme d'adulte et vous serez contraint d'être comme lui, 100 % concentré sur l'instant présent. Vous risquez d'ailleurs de vous amuser vraiment !

Vous allez ainsi introduire de la curiosité, de la spontanéité et de la gaîté dans votre train-train quotidien – souvent un peu monotone, non ?

Ce souffle juvénile, ce courant d'air frais dans la tête ne peut que vous faire du bien.

Vous retrouverez un peu de l'enfant insouciant qui sommeille encore en vous !

29 Osez la tendresse

La tendresse constitue sans doute LE remède antistress par excellence. Toutefois, partant du principe qu'il faut «d'abord donner pour recevoir», je vous suggère d'établir un «état des lieux».

1. Interrogez-vous sincèrement sur l'attention que vous portez à celui ou à celle qui partage votre vie

* L'embrassez-vous chaque matin et chaque soir ?
* Lui faites-vous systématiquement un petit salut lorsqu'il/elle quitte la maison ?
* L'entourez-vous souvent de vos bras pour le réconforter ?
* Lui prenez-vous la main lorsqu'il/elle éprouve un souci quelconque ?
* Lui caressez-vous sans raison le bras, les cheveux… ?
* Lui adressez-vous un compliment (par ex. sur sa tenue et/ou son savoir-faire) régulièrement ?
* Lui demandez-vous ce qu'il/elle aimerait manger ou boire ?
* Lui apportez-vous de temps en temps le petit déjeuner au lit ?
* L'attirez-vous dans vos bras pour lui demander un câlin ?
* Chuchotez-vous des mots doux ou torrides à son oreille ?
* Lui préparez-vous un bain moussant juste à la bonne température ?
* Lui offrez-vous un massage après une rude journée ou en guise de préliminaires ?
* Pendant l'amour, lui demandez-vous de vous exprimer sa position préférée ou de guider votre main ?
* Enlacez-vous votre chéri(e) après l'amour ?

✳ Vous regardez-vous régulièrement au fond des yeux ?

✳ Échangez-vous des regards complices ou tendres quand vous êtes invités chez autrui ?

✳ Lui lisez ou récitez-vous des poèmes ? Lui chantez-vous son air préféré ou fredonnez-vous « votre chanson » à certains moments appropriés ?

✳ Lui offrez-vous des fleurs (en dehors de la Saint-Valentin ou de votre anniversaire de mariage) ?

✳ Prenez-vous le temps d'apprécier certains beaux silences qui s'établissent entre vous ?

✳ Priez-vous ou méditez-vous de concert ?

✳ Quelle est la date de votre dernier week-end en amoureux ? Du dernier rapport sexuel pleinement réussi pour tous les deux ?

✳ À quelle fréquence lui dites-vous sincèrement que vous l'aimez ? Que vous avez vraiment besoin de sa présence et de son amour ?

Après avoir donné les réponses, vous avez déjà une partie de la solution, non ?

2. Puis, je vous suggère de rédiger un « carnet rose »

Dans ce carnet vous allez répertorier PAR ÉCRIT :

✳ les qualités intrinsèques de votre conjoint ;

✳ tous les moments de complicité et de bonheur vécus ensemble depuis votre rencontre.

Cela vous permettra de rappeler ces événements à votre « compagnon/compagne d'amour » lors d'un moment choisi spécialement par vos soins et de lui exprimer combien ils résonnent encore dans votre cœur, et vous dynamisent aujourd'hui.

DERNIER CONSEIL Et si après tout ça, la tendresse n'est pas au rendez-vous, je vous invite à offrir un cierge à sainte Rita (la patronne des causes perdues) !

Stop!

30 Ne vous comparez plus à autrui

S'il y a une source certaine de désagrément, c'est bien de se comparer à autrui! Car vous trouverez toujours plus beau, riche et intelligent...

Observez d'abord vos émotions négatives quand vous vous comparez à l'autre : frustration, tristesse, colère vous envahissent. Pas folichon… Vous voulez vraiment gaspiller de l'énergie dans cette entreprise d'autodestruction ?

Comment changer la donne ?

✳ **Dites-vous que vous êtes incomparable** parce que UNIQUE : personne n'a existé avant vous et ne survivra après vous. Bonne nouvelle, non ?

✳ **Pensez à cette façon d'être qui n'appartient qu'à vous,** puisque nul ne saurait vous ressembler.

✳ **Réalisez à quel point vous êtes, de ce simple fait, un humain infiniment PRÉCIEUX** (pour lui-même et vis-à-vis d'autrui)! Bien sûr il ne s'agit pas de flatter en soi un ego surdimensionné mais plutôt d'augmenter son estime en soi.

✳ **De par votre «unicité», vous êtes ainsi pourvu d'une VOCATION d'ÊTRE SPÉCIFIQUE :** vous avez à tracer un chemin qui vous est propre ici-bas.

Et il n'est pas non plus question d'obéir à une sorte de «destin» implacable, puisque vous êtes à la fois, une somme singulière d'inné (votre patrimoine génétique, l'inconscient collectif de votre famille) et d'acquis (votre éducation et vos choix existentiels).

✳ **Vous avez juste la responsabilité de vous estimer vous-même** et de développer votre identité. Bref, le programme de toute une vie !

Puisque vous êtes irremplaçable, il n'y a pas de temps à perdre : tracez droit devant vous !

31 Cessez de ressasser

«Ratiocination» ne semble pas le mot le plus voluptueux de la langue française. À lui seul, il devrait vous dégoûter de la chose. Seulement voilà : ressasser est souvent inconscient. Le plus dur est donc de s'en apercevoir.

En général, on s'y «adonne» toujours au même moment : il y a ceux du soir et ceux du matin.

  * Les «tilleuls menthe» se retournent dans leur lit et ne peuvent s'empêcher de revivre a posteriori les sempiternelles vicissitudes des 12 dernières heures.

  * Les «dès potron-minet» se lèvent plutôt du pied gauche et répertorient invariablement ce qui risque de gâcher a priori leur journée.

Vous correspondez au profil ?

Alors voici un petit vade-mecum. Il exige vigilance et entraînement – on n'a rien sans rien !

  * **Repérez la ou les phrases qui tournent en boucle** dans votre tête.

  * Le lendemain, dès que vous entendez l'éternel refrain, **coupez-le aussitôt sans pitié.** Mais restez sur le qui-vive : il va resurgir !

  * **Puis répétez l'opération** en vous concentrant à fond sur une tâche simple. Exemple : un brossage dentaire appliqué convient aux deux groupes.

  * Utilisez l'espace mental resté vacant pour vous apaiser.

  * **Le matin, respirez à pleins poumons,** la fenêtre ouverte, en pensant à programmer une chose vraiment agréable d'ici 23 heures.

  * **Le soir, remémorez-vous un poème** ou lisez-en un à haute voix (et avec le ton, s'il vous plaît). Mais vous pouvez préférer la lecture attentive du dictionnaire…

＊ **Enfin, dites-vous que la patience** est un espace intérieur que vous vous offrez à vous-même.

＊ **Si le trouble persiste au-delà de 10 jours,** ne regardez pas pour autant le DSM 5 (autrement dit le *Manuel diagnostique et statistique des troubles mentaux*!).

Toutefois, consulter serait avisé afin d'y voir plus clair.

32 Ne traitez que les problèmes... que vous pouvez résoudre

Parfois, vous vous sentez encombré de soucis lourds à porter... Si vous en examinez la source, vous vous apercevrez qu'en réalité vous n'avez PAS TOUS à les résoudre.

Certains problèmes relèvent même de la responsabilité d'autrui. Et souvent d'un être cher. Mais au fait, vous a-t-il demandé d'assumer son problème?

＊ Si non, délivrez-vous illico de ce faux devoir, en vous demandant pour quel bénéfice moral vous vous êtes cru obligé de l'endosser...

＊ Si oui, interrogez-vous sur la raison profonde de cette demande : l'autre vous aurait-il transmis une injonction inconsciente : «Si tu m'aimes, tu dois m'aider!»?

＊ Dans ce cas, vous êtes victime d'un chantage affectif : pas très léger en effet!

＊ Ou **autrui aurait-il flatté votre ego :** «tu es bien plus doué que moi pour trouver une solution»?

＊ De quelle lâcheté, plus ou moins volontaire, êtes-vous complice? En voilà une autre pesanteur!

＊ En outre, pourquoi avez-vous accédé à cette demande?

Est-ce parce que « vous ne savez rien lui refuser » ? Ou est-ce parce que vous seul voulez faire perdurer à tout prix une relation qui s'effrite ?

Or vous ne pourrez résoudre QUE ce qui vous appartient VRAIMENT : c'est-à-dire ce qui relève intrinsèquement de vos réelles facultés ou de votre vocation d'être ici-bas.

Toutefois, il est essentiel de vous libérer pleinement en « rendant à César ce qui est à César » et de le signifier clairement à l'intéressé. **Vous pourrez alors abandonner SON problème sans culpabilité !**

> MON CONSEIL Quant à vouloir cesser la faim dans le monde ou changer votre belle-mère : OU-BLI-EZ !

33 À chaque jour suffit sa peine

On ne le dira jamais assez : les journées n'ont que 24 heures. Or si vous le déplorez, c'est que la durée de votre labeur d'Occidental moyen présente souvent une tendance exponentielle.

Et si vous vous demandiez (honnêtement) pourquoi ?

 ✳ D'abord, parce que vous êtes effrayé par la tâche à accomplir et vous procrastinez avant de vous y mettre, version café ou tabac.

 ✳ Ensuite, parce que les choses ne se présentent jamais comme prévu : vous devez alors déployer des trésors d'adaptabilité. C'est franchement éreintant…

✳ En outre, parce que vous avez dressé une liste «à faire» totalement irréaliste, compte tenu de votre énergie et de votre motivation effectives.

✳ Enfin, parce que, généralement autour de 17 h 30, vous culpabilisez «de n'en avoir fait que la moitié»…

Reprenons, si vous le voulez bien

✳ Admettez UNE BONNE FOIS que la durée de toute journée terrestre est précisément limitée.

✳ Constatez que votre mental – pour ne pas dire votre ego – gonfle vos vraies capacités et dites-lui gentiment d'aller jouer plus loin.

✳ Essayez la minimisation de façon volontariste : «Oh, si j'arrive à faire le tiers de ce que je dois faire aujourd'hui, je serai content(e)!» et cela vous donnera, d'emblée, du cœur à l'ouvrage.

✳ Acceptez que l'impermanence soit une loi de ce monde : mardi ne ressemblera jamais à lundi, autant s'y faire !

✳ Culpabiliser ne sert strictement À RIEN si ce n'est vous faire perdre de l'énergie psychique plus utile à vous concentrer sur votre tâche.

Bref, découvrez qu'il est juste de ne pas vivre en permanence conditionné par le FAIRE !

34 Mettez-vous en vacances

Soyons clairs : se mettre en vacances ne signifie pas toujours partir en villégiature. En fait, il faut entendre par là : congédier son mental. Or vous n'avez aucune envie de passer pour un demeuré. Certes.

Par vacance mentale, il s'agit juste de dire «va voir là-bas, si j'y suis» à la voix sournoise qui vous mine le moral lentement mais sûrement. La voix perfide qui, en permanence :

* vous dicte implacablement une conduite,
* vous juge ou vous évalue – généralement, pas de façon flatteuse,
* refuse de connaître l'incertitude,
* prévoit toujours tout ce qu'il y a encore à faire d'ici demain,
* calibre la moindre dépense au centime près,
* vous montre que l'autre a forcément et encore raison.

Bref, cette voix de ronchon, jamais contente de rien.

Vous voyez de quoi je veux parler ?

Bon, alors le jeu consiste à repérer ce verbiage intérieur pendant quelques minutes – SURTOUT SANS l'alimenter – puis à lui lancer le mot de Cambronne avec vigueur.

Le problème est que cette voix risque hélas de revenir à la charge…

Si vous n'avez plus envie d'entendre ce disque rayé

* Opposez-lui SYSTÉMATIQUEMENT un refus catégorique pour rabaisser son caquet.
* Exemples : « Franchement, de quoi je me mêle ! » ; « Stop, Madame/Monsieur Je sais tout » ; « Mais tu radotes, mon/ma pauvre ! »
* Vous pouvez aussi lui faire un pied de nez en faisant diversion. Exemples : « Il est urgent d'attendre », « la parole est d'argent mais le silence est d'or », « il ne faut rien exagérer… », etc.
* Vous verrez : si vous persistez, elle se fera de plus en plus discrète et vous n'aurez plus à vous en soucier.

Ça soulage. hein ?

35 Faites le vide dans vos placards

« Ça peut toujours servir... » : voilà LA phrase qui tue... votre espace vital à petit feu ! Vous l'attribuez à moult objets et entassez ainsi au-delà du raisonnable. En fait, vous savez pertinemment, surtout si vous habitez un studio urbain, que cet « au cas où » ne surviendra jamais.

* Programmez un jour de vacances (ce n'est souvent pas de trop !).

* Prenez votre courage à deux mains et ouvrez TOUS vos placards et penderies.

* Mettez de côté ce que vous n'utilisez VRAIMENT PLUS depuis 18 mois.

* Évitez de trop réfléchir et ne laissez pas vos états d'âme prendre le dessus, du genre : « Je portais cette broche quand j'ai rencontré Fernand ! »

* Toutefois si un souvenir vous submerge, laissez-le remonter jusqu'au bout mais sans lui donner trop d'importance.

* Si vous n'arrivez pas à trier les vêtements, invitez un proche « fashion » pour vous aider à dissocier « l'indémodable » du « bon à jeter ».

* Faites un tas « caritatif » et un tas « poubelle » (évitez le tas « dépôt-vente », trop sujet à caution...).

* Remplissez des sacs et rendez-vous DE SUITE à la déchetterie et à la boîte dépôt la plus proche pour vous ôter tout regret.

* Regagnez votre logis et admirez le vide opéré : il y a fort à parier que vous sentirez poindre un sentiment subtil de légèreté,

voire de joie. Et une sérénité irrésistible s'emparera de vous.
Et si vous vous offriez un verre pour fêter ça ?

UN CONSEIL La prérentrée scolaire ou la trêve des confiseurs sont particulièrement adaptées à ce genre de programme.

36 Ne regardez plus les journaux TV

Vous le savez : les journaux TV s'intéressent prioritairement aux trains qui arrivent en retard ! Les gens heureux n'ayant pour eux aucune histoire, les nouvelles alarmantes y sont légions.

Ces informations sont illustrées d'images, choisies minutieusement «pour faire vivre l'événement au plus près». La dramatisation de l'événement fait vendre. Incontestablement Mais jouer avec l'émotionnel du spectateur, même majeur et vacciné, a des répercussions à la longue.

❋ N'avez-vous jamais observé votre degré de fatigue avant et après un «JT»?

❋ Ne vous êtes-vous pas souvent senti irritable après avoir écouté en boucle la même information ?

❋ N'avez-vous pas parfois éprouvé une certaine tristesse ou un dégoût monter en vous ?

Si ces symptômes vous sont familiers, un sevrage immédiat est impératif.

Commencez par un arrêt de deux jours, lors d'un week-end, par exemple

Vous constaterez que :

* La terre continue toujours de tourner.
* Vous n'êtes pas devenu plus idiot ou moins branché.
* Vous vous êtes recentré sur vous ou vos proches.

Oui, mais... vous êtes un «accro de l'info»?

Demandez-vous pourquoi

* Auriez-vous peur de rater quelque chose d'important ?
* Craindriez-vous de perdre le statut de voisin «toujours au courant»?
* Auriez-vous un côté voyeur insatiable parce que votre vie vous semble manquer de sel ?

Si vous vous reconnaissez dans ces trois catégories, un conseil : travaillez l'estime de soi. Au pire, rassasiez votre appétit de news avec la presse, moins dangereuse pour le psychisme, car elle activera davantage votre libre arbitre.

37 Faites du ménage...
dans votre carnet d'adresses

*Évacuer certaines personnes de ses relations – disons,
une fois l'an – contribue beaucoup à éviter la grisaille
du quotidien. Certes, effectuer cet «exit» n'est guère aisé
a priori, mais c'est une démarche saine, voire nécessaire,
si l'on souhaite sauvegarder authenticité et sérénité
dans son fonctionnement avec autrui.*

Voici six aspects de la relation à tester avec le plus de sincérité
possible. Cela va de soi (l'ordre est important à respecter).

1. L'énergie : comment la qualifiez-vous globalement?
Vous épuise-t-elle ou vous galvanise-t-elle?

2. La couleur du sentiment : du gris souris au jaune solaire,
quel ressenti vous évoque spontanément cette relation?

3. La distance physique : comment vivez-vous mutuellement
le contact avec l'autre?

4. La fréquence des rencontres : quotidienne, hebdomadaire,
mensuelle... Et ce, quel que soit l'éloignement géographique
(ne prenez pas en compte les échanges de mails ou de SMS!).

5. Les valeurs communes : citez-en au moins deux.

6. Les hauts et les bas émotionnels : plutôt montagnes russes,
morne plaine ou mer calme?

Puis, analysez minutieusement l'équilibre réel de l'échange :
je donne/reçois – l'autre donne/reçoit.

Enfin, interrogez-vous profondément et guettez toute
manifestation ventrale, même la plus subtile.

Conclusion

Ai-je VRAIMENT envie/besoin de conserver cette relation?
Si votre abdomen dit clairement NON, rayez DE SUITE le nom
de ladite personne sur votre carnet : vous verrez, ça fait un BIEN
FOU!

38 Ne supportez pas le manque de respect

Le respect que vous avez de vous-même est un trésor que PERSONNE, je dis bien personne, ne doit vous dérober, et ce, en AUCUN CAS.

Il est donc important d'être TOUJOURS CONSCIENT de ce que vous êtes véritablement, et qui n'a pas de prix. Une bonne connaissance de soi permet d'ailleurs d'acquérir encore davantage de respect de soi et de le renforcer.

Pensez à défendre le respect de vous-même !

S'il s'avérait, hélas, qu'une personne vienne à vous manquer de respect, plusieurs cas de figure et attitudes correspondantes sont à envisager :

1. Cette personne ne vous connaît pas ou peu : l'opinion qu'elle a de vous provient d'une perception fugace qui, par définition, est parcellaire. Mieux vaut ne pas y prêter attention et passer son chemin au plus vite, sans rien rétorquer.

2. Cette personne vous connaît bien et elle cherche inconsciemment à vous mettre à distance : il y a quelque chance pour qu'un aspect de votre personnalité l'effraie sans qu'elle arrive à l'exprimer. Vous constituez pour elle une sorte de miroir, dont le reflet n'a rien à voir avec votre être réel. Il ne faut donc pas prendre en compte son comportement, ni lui en vouloir, puisqu'elle a agi sous l'influence d'une peur instinctive. Conservez votre calme en la laissant parler sans vous préoccuper de ses paroles, et observez comment sa peur se manifeste corporellement (des yeux aux mains, de la mâchoire aux pieds).

3. Cette personne vous connaît bien et elle veut consciemment vous rabaisser : cela pourrait vous blesser. Je dis bien « pourrait ». Car si vous le voulez, vous avez la possibilité de travailler sur vous en utilisant le fameux adage oriental :

« Mon ennemi est mon maître ». Demandez-vous d'abord quelle part de vous est atteinte. Et si cet irrespect a touché une blessure narcissique non cicatrisée, essayez d'analyser pourquoi vous êtes encore touché par cela aujourd'hui et d'y remédier pour de bon, grâce par exemple à une brève psychothérapie.

Que faire ?

Surtout, évitez de rétorquer quelque chose sur-le-champ ou sous l'effet de la colère à ce fauteur de trouble : cela risquerait de vous nuire. Laissez-passer une nuit : le lendemain, vous serez plus objectif et calme pour rédiger un simple mot ; inutile d'écrire des pages à cette personne, exprimez-lui clairement que vous n'avez guère apprécié sa remarque désobligeante de la veille et que vous vous demandez ce qui a bien pu la motiver. Vous l'incitez ainsi à vous exposer un éventuel problème ou un non-dit qui se serait installé entre vous.

Concluez votre courrier en la priant de se comporter à l'avenir comme une personne bienveillante et responsable si elle ne veut pas rompre le lien avec vous. Par cette courte lettre, vous aurez montré votre estime de vous-même ainsi qu'une vraie rigueur dans la qualité de vos relations.

Une belle occasion d'être fier de vous, non ?

39 Évacuez le blues du dimanche soir

En France, des milliers de personnes souffrent de ce phénomène, particulièrement de fin octobre à mi-mars. Il se caractérise généralement à la tombée du jour par une petite déprime, une peur diffuse, qui peut se manifester sous la forme de maux de tête ou de nœuds à l'estomac. Ils correspondent aux symptômes typiques de l'anxiété d'anticipation.

Or vous pouvez tout à fait désamorcer la projection mentale d'un lundi matin anxiogène : embouteillages, pointage, objectif hebdomadaire à remplir, rapport ou devoir à rendre, etc.

Comment ?

✳ Tout d'abord parce que le futur ne se déroule jamais comme vous l'avez imaginé : la peur liée à ce futur fantasmé est souvent pire que le vécu effectif du lundi matin.

✳ Ensuite, parce que la meilleure façon de préparer votre lundi matin est de profiter pleinement de votre dimanche soir : ne restez pas seul ou si vous y êtes contraint, préparez-vous un bon petit dîner, visionnez un film distrayant (évitez les thrillers ou les films d'horreur…).

✳ Si les symptômes persistent, téléphonez à un proche et exprimez-lui votre ressenti pour le désamorcer.

✳ Enfin, si rien de tout cela ne fonctionne, passez à la médication douce – Gelsemium 30 CH en dose homéopathique, à reprendre le lendemain matin à jeun – ou au remède de grand-mère : la bouillotte sur le ventre.

Ça marche dans les 20 minutes !

À SAVOIR L'homéopathie fonctionne notamment selon le principe de similitude : un patient est traité au moyen d'une substance produisant expérimentalement chez une personne saine des symptômes semblables à ceux présents chez lui.

Conscience de soi

40 Reconnaissez-vous sept qualités

Pour lâcher prise, rien ne vaut de cultiver l'estime de soi : c'est une démarche de salubrité intérieure, voire parfois un acte de résistance face à la négativité ambiante.

Gratuite, nette d'impôts, et autoreconductible, l'estime de soi agit comme une bonne assurance-vie. Et c'est le plus précieux rempart contre la solitude intérieure et la «déprime».

Répertorier ses propres qualités et les garder à l'esprit nourrit l'estime de soi. Après tout, il y a bien sept péchés capitaux, pourquoi n'y **aurait-il pas sept qualités principales ?**

Rassurez-vous, il n'est question d'aucune vertu, mais de vos qualités intrinsèques, celles qui ont fait largement leurs preuves avec le temps : vos talents (personnels et professionnels) :

1. Dressez-en une liste, SINCÈREMENT, en laissant de côté l'Idéal de votre petit moi (au-delà d'une dizaine, regardez la largeur de vos chevilles).

2. Puis interrogez à la fois :
  ✳ des personnes de votre entourage : vos collègues et amis proches, et certains parents – mais évitez votre conjoint ;
  ✳ des personnes qui vous connaissent moins pour qu'elles vous répondent plus intuitivement ;
  ✳ vos rivaux et/ou concurrents : vous risquez d'être surpris par la justesse de leurs remarques.

3. Résultat des courses : il y aura a priori des recoupements dans les réponses mais vous pourrez aussi avoir quelques surprises !
  ✳ Finalement, qu'en est-il ? Vous n'en obtenez pas sept ?
  ✳ **Ne vous en faites pas non plus !**

41 Nourrissez l'estime de vous-même

L'estime de soi permet de repousser un certain type de stress, lié à la peur de l'échec. En raison des évaluations chiffrées permanentes à l'échelle de la société ou de l'entreprise, il est très difficile d'échapper à l'obsession de la «performance», sans parler de la «compétitivité» ou de «l'excellence».

Mais nous ne sommes hélas pas tous égaux lorsqu'il s'agit de regagner ou de développer une bonne estime de nous-même. Néanmoins, à tout moment, il est possible de prendre la décision de se considérer comme un fidèle compagnon.

Et le jeu en vaut la chandelle, puisque «s'estimer soi-même est le meilleur moyen d'être aimé tout au long de son existence», comme l'affirmait Oscar Wilde. Pas mal, non?

Cultivez l'estime de vous

Certes, une bonne estime de vous-même affermira votre sécurité intérieure. Toutefois, pour qu'elle vous soit utile en toute occasion, il est essentiel de la **CULTIVER**.

Pour y parvenir, il s'agit de devenir une **BONNE MÈRE INTÉRIEURE POUR VOUS**. Qu'est-ce que cela signifie au juste? Bien sûr, votre mère est ce qu'elle est et il n'est pas question de l'imiter : ce serait d'ailleurs impossible et sans grand intérêt.

Je vous invite plutôt à vous vouer chaque jour un **AMOUR INCONDITIONNEL**, et donc **INDÉFECTIBLE**.

Comment procéder?

Commencez par faire l'inventaire réaliste de :

  * **VOS RESSOURCES INTERNES** (donnez-vous au moins une heure).

* **Vos qualités (personnelles et professionnelles),
talents et savoir-être actuels** : dressez votre propre liste,
le plus honnêtement possible – au-delà d'une dizaine, regardez
la largeur de vos chevilles !

* **Vos atouts en terme d'expérience :** les épreuves que vous
avez traversées (deuils, maladies, abandons, pertes, accidents, etc.).

* **Les divers succès** que vous avez obtenus, si minimes
soient-ils : votre premier prix au concours de tricot fera aussi l'affaire !

* **Vos acquis** en terme d'études, de formations, de savoir-faire,
de voyages à l'étranger : passez tout en revue en essayant
de ne rien omettre – même la recette du far breton !

Puis apprenez à vous découvrir vraiment.

S'estimer, c'est se connaître

Nourrir l'estime de soi implique une bonne connaissance
de soi-même. En effet, si l'on se connaît bien, il est plus aisé
de supporter les aléas de ses humeurs, de ses fatigues
et de ses imperfections diverses et variées. On devient peu à peu
tolérant pour soi au lieu de s'ériger en juge.

Grâce à l'autobienveillance que l'on construit – sans pour autant
tomber dans la complaisance ! –, on finit par s'autoriser à vivre
plus authentiquement, donc plus intensément. C'est ainsi
que s'élargit notre champ des possibles, et qu'une plus grande
« marge de manœuvre existentielle » nous est offerte.

N'est-ce donc pas cela qu'on nomme liberté ?

42 Écrivez ce qui vous passe par la tête

Rassurez-vous, il ne vous est pas demandé de créer une œuvre littéraire. Ni même de respecter l'orthographe et la syntaxe.

L'idée est juste de vous décharger d'un «trop plein» intérieur, afin de vous libérer d'une tension. Car à terme, celle-ci pourrait bien se transformer en quelque chose d'assez (auto)destructeur…

De l'émotion sur du papier

Si vous avez notamment accumulé des griefs, voire une hargne tenace envers quelqu'un, c'est le moment de jeter littéralement votre ire sur le papier. Et surtout SANS RÉFLÉCHIR. Il est recommandé de décrire votre «ras-le-bol» tous azimuts et sans omettre le moindre détail. Tous les noms d'oiseaux seront bienvenus – inspirez-vous des expressions du Capitaine Haddock, ça aide!

Utilisez crayon et papier plutôt que de frapper sur votre clavier d'ordinateur : il faut que vos mots soient directement inscrits et non virtualisés par un écran.

Employez toute l'énergie dont vous êtes capable, comme si vous haranguiez les jurés à la barre d'un tribunal imaginaire pour défendre haut et fort votre statut de victime.

Ensuite, munissez-vous d'un récipient en verre ou en fonte et d'allumettes. Brûlez votre écrit et regardez les feuilles se consumer totalement. Enfin, évacuez les cendres.

Vous verrez : un grand soulagement est au rendez-vous!

MON CONSEIL Ne vous arrêtez pas tant que votre émotion négative n'est pas complètement épuisée. Et inutile de relire les pages noircies de votre écriture.

43 Rebaptisez-vous

«Quelle idée saugrenue!», penseront certains. Peut-être.
Mais si le lâcher-prise passait aussi par la redéfinition
d'une part de l'identité? Vos cellules se renouvelant toutes
les vingt-quatre heures, vous êtes en mutation permanente.
Vous rebaptiser consisterait ainsi à vous «réactualiser».

Imaginons que vous vous appelez Claude. Que vous aimiez ou non votre prénom, choisissez celui qui vous correspondrait le mieux aujourd'hui. Ne prenez pas votre second prénom, juste pour faire simple, ce ne serait pas du jeu.

Allez vers un prénom qui porte vraiment vos valeurs et sied bien à votre style de vie. Il doit représenter la part de votre personnalité qui vous définit le mieux.

Pour cela, aidez-vous d'un guide des prénoms comportant leurs origines et différentes significations.

Vous avez élu Camille, par exemple.

Prononcez ce prénom à haute voix, plusieurs fois, comme si vous vous appeliez de loin. Jaugez sa sonorité : résonne-t-elle favorablement à votre oreille? Puis, si c'est le cas, interrogez-vous : avec ce nouveau prénom, inconnu de votre entourage, que vous autoriseriez-vous à accomplir?

Quelle autre vie, peut-être, mèneriez-vous?

✳ **Dressez une liste exhaustive des désirs et besoins de Camille**, sans vous censurer.

✳ **Puis laissez «mijoter à feu doux»** jusqu'au lendemain.

✳ **Relisez la liste** et conservez trois ou quatre vœux réalisables dans l'année.

✳ **Énoncez le souhait sincère** de les satisfaire.

✳ **Enfin, prenez un rendez-vous régulier** avec Camille à ce sujet.

Chiche?

44 Trouvez votre propre « formule magique »

Pour beaucoup, les prières n'ont plus trop la cote, notamment en raison leur connotation religieuse. Or invoquer l'Univers – peu importe son nom et son origine — fait partie de notre nature humaine, depuis la nuit des temps !

C'est une façon de «faire Un avec le Tout». Mais aussi une manière de se sentir moins seul face aux difficultés passagères ou aux épreuves inéluctables de l'existence et de se redonner du courage.

La puissance du verbe

Alors pourquoi ne pas inventer une formulation qui fait pleinement sens pour vous ? Et qui, grâce à sa force évocatrice, vous galvanisera au moment opportun ?

* **Pensez à un végétal ou à un animal** ou encore à une montagne avec qui vous vous sentez particulièrement des affinités et symbolisant une énergie intérieure ou dynamique, selon votre besoin spécifique.

* **Créez ensuite une phrase de souhait courte et positive**, incluant les qualités de votre «totem».

Voici quelques exemples : «Que la souplesse du roseau m'apporte sa résistance en toute circonstance !», «Que la puissance du tigre me rende imperturbable face à l'adversaire !», «Que le mont Fuji me transmette sa stabilité devant l'inconstance de mes choix !»

* **Une fois en situation, croisez deux doigts de la main pour ancrer cette incantation** dans votre corps, tout en fermant les yeux.

* **Puis respirez plusieurs fois à pleins poumons,** en répétant mentalement la formule et en visualisant l'élément-symbole, avec un maximum de détails si vous le pouvez.

Vous voilà soudain métamorphosé, on dirait ?

45 Faites le compte de vos heures de sommeil

Éviter le stress implique un minimum d'heures en compagnie de Morphée. En effet, le sommeil est LE régulateur essentiel de l'humeur. «Dis-moi combien tu dors, je te dirai qui tu es» pourrait-on dire.

Il est donc important de quantifier son temps de sommeil.
À cette fin, notez PRÉCISÉMENT vos heures de coucher et de lever, pour chaque nuitée, durant une semaine (week-end compris). La moyenne minimale souhaitable est de 6 h 30 (hors effet «jet-lag» bien sûr!). Au-dessous, (sauf à de très rares exceptions), vous êtes en hyposomnie.

   ✳ Ne vous étonnez pas alors d'être irritable, voire de vous émouvoir pour un rien.

   ✳ Ou d'avoir souvent des «coups de barre» dans la journée, surtout si votre activité est intense.

Ainsi, faites en sorte de compenser votre déficit de sommeil rapidement : plus vous attendrez, plus la régulation sera difficile. Si vous souffrez d'insomnie, ne la laissez surtout pas s'installer. Par ex., évitez les somnifères : vous risqueriez, à terme, d'aggraver votre cas. Consultez plutôt un spécialiste du sommeil. Il est aussi primordial de connaître la durée précise de vos cycles de sommeil (entre 1 h 30 et 2 h). Pour le savoir, outre les mesures susmentionnées, notez vos microréveils nocturnes durant quinze jours.

Par recoupements, vous parviendrez peu à peu à l'établir. Car il est important d'éviter les ruptures de cycle, car l'éveil sera fastidieux, voire franchement pénible. Vous serez nettement plus frais si vous vous éveillez à la fin d'un cycle. Vous pouvez donc régler votre sonnerie de réveil de façon adéquate : la durée de quatre cycles est généralement bonne pour obtenir un repos réparateur.

Vous bâillez déjà ? Bon signe !

46 Consultez votre médecin

Cette règle n'est aucunement destinée à agrandir le trou de la Sécurité Sociale! Toutefois, si vous éprouvez de la difficulté à vous déstresser naturellement et par vous-même, il est probable que votre état physiologique soit en cause.

Deux cas de figure possibles

1. Votre fatigue est due à un petit déficit d'oligo-éléments (ex. le fer, le magnésium) ou de vitamines (par ex. la vitamine D en période de faible luminosité). N'hésitez donc pas ainsi à «prévenir, plutôt que guérir» – la sécu vous en saura gré! Allez voir votre «bon docteur» qui écoutera la description de vos troubles, car la «fatigue» présente de multiples facettes.

2. Votre stress a augmenté sournoisement, sans que vous vous en soyez rendu compte.

Symptômes

Néanmoins, si vous vous observez d'un peu plus près, vous constaterez peut-être des modifications :

* de votre sommeil (endormissement laborieux, accroissement des «microréveils» nocturnes, réveils plus précoces);

* de votre humeur (exemple d'une irritabilité chronique);

* de votre habituel mal de dos (plus fréquent et en étendu);

* de votre consommation de café (un accroissement);

Il s'agit là de symptômes liés à une intensification de votre stress.

Il ne faut VRAIMENT PAS les prendre à la légère, en espérant qu'ils disparaissent tout seuls!

Dans ce cas, la consultation d'un praticien est incontournable. Il ne vous prescrira pas forcément un arrêt de travail mais il reverra avec vous votre hygiène de vie quotidienne en détail.

Mais la lecture de tout ceci ne doit pas vous rendre hypocondriaque pour autant!

47 Trouvez votre propre rythme

Bien sûr, vous devez suivre un rythme professionnel, et aussi le rythme scolaire de vos enfants. Mais il y a aussi LE VÔTRE! Il est important de le respecter un minimum.

Voici quelques exemples que je soumets à votre réflexion :

❋ **Êtes-vous plutôt un «couche-tôt/lève-tôt» ou un «couche-tard/lève-tard»?** Si votre métier vous oblige à aller contre votre tendance naturelle, il est important de compenser ce rythme perturbé durant les trois nuits du week-end et durant vos vacances.

❋ **Ah les vacances, justement! Ne seraient-ce pas d'abord celles de vos enfants avant les vôtres, par hasard?** Surtout si elles sont sportives, essayez de prévoir une journée de décompression, c'est-à-dire de repos complet, avant votre départ au ski ou à la mer.

❋ **Dans le domaine de la nutrition, nous sommes tous différents.** La durée de votre digestion dépend du bol alimentaire que vous ingérez : observez-vous! Si vous avez remarqué qu'il vous faut du temps pour digérer certaines associations d'aliments, essayez de les éviter au menu de votre déjeuner d'affaires, ou pire, de votre lunch éclair en vingt minutes!

À SAVOIR Le «milieu intérieur» d'un être humain a la merveilleuse capacité de se maintenir dans un état globalement stable, malgré les changements survenant au sein de son environnement. En effet ce dernier n'est jamais constant, ses caractères perceptibles évoluent sans cesse :
– de manière rythmique, facilement prévisible (l'alternance du jour et de la nuit et des saisons, le cycle des marées, etc.)
– de manière aléatoire, ce qui est parfois beaucoup plus subtil à percevoir (changements d'humeur, événements venant bouleverser votre vie, etc.)

✳ **Regardez l'évolution des courbes de vos biorythmes.**
Chaque mois, il y a trois courbes à considérer : celle de l'émotionnel, celle du physique et celle de l'intellect. Essayez d'en tenir compte lorsque vous construisez votre agenda personnel.

Et n'oubliez pas que se respecter, c'est s'estimer !

48 Pratiquez un sport à votre mesure

La pratique d'un sport participe bien sûr d'une bonne hygiène de vie. Encore faut-il choisir un sport qui vous convienne vraiment !

✳ **Consultez d'abord votre médecin traitant afin d'établir un petit check-up** et de dresser avec lui une première liste d'activités sportives en fonction de votre profil physiologique.

✳ **Toutefois, la notion de plaisir est aussi essentielle à faire valoir.** Le sport que vous choisirez doit pouvoir être en effet un défouloir agréable à vos diverses frustrations (sans pour autant être trop violent). Il doit aussi procurer de vrais effets relaxants pour prévenir, voire traiter, votre stress.

✳ **Ensuite, je vous conseille de lâcher prise avec la notion de performance** (et je m'adresse particulièrement à vous, messieurs) : là n'est pas l'essentiel (si ce n'est pour votre ego) ! Vous retrouverez bien assez tôt ce type d'exigences au bureau, non ?

✳ **En outre, certains sports peuvent se révéler de fausses bonnes idées si vous les pratiquez dans de mauvaises conditions :** le jogging et le cyclisme en milieu urbain (même dans les parcs) sont déconseillés en raison de la pollution, et risquent de provoquer des allergies, surtout si vous en faites régulièrement. Prenez soin de consulter un site de mesure de la pollution avant de vous mettre en tenue…

À chaque métier, son sport

Vous pouvez aussi sélectionner un sport en fonction de votre emploi. Voici quelques exemples :

* Le tennis, le squash, le badminton, le ping-pong et la pelote basque sont recommandés pour les carrières commerciales.

* Le tir à l'arc et le golf conviennent bien aux métiers qui requièrent de la précision et à ceux de la sécurité.

* L'équitation s'accorde bien aux professions médicales et à celles dites « de relation d'aide ».

* Les arts martiaux japonais conviennent aux métiers de la sécurité.

* Le chant lyrique – mais oui, c'est aussi un sport ! – est idéal pour les avocats et les enseignants.

* Le canoë-kayak est conseillé pour les métiers de la conduite, etc.

À vos starting-blocks !

49 Activez l'abondance en vous

Il est clair que des fins de mois difficiles peuvent générer un certain stress... Mais en la matière, j'ose le dire, votre premier ennemi n'est pas uniquement le manque de moyens financiers : c'est l'angoisse fantasmée de la pénurie, tapie tout au fond de vous.

C'est cette angoisse qui vous pousse à accomplir des gestes irrationnels comme l'achat compulsif d'un objet inutile ou la souscription à un crédit « revolving » à la consommation, qui vous mèneront tout droit à l'endettement. Vous me suivez ?

Discerner vos véritables besoins

Restons dans le réel si vous voulez bien : commencez par établir honnêtement la liste de vos **VÉRITABLES BESOINS**.

Pour parvenir à établir un tri entre «essentiel» et «superflu», posez-vous les questions suivantes :

* Qu'est-ce qui m'apporte le plus d'**énergie** ?
* Qu'est-ce qui me procure le plus d'**entrain**/de **joie** ?
* Qu'est-ce qui me donne une vraie **satisfaction** au quotidien ?
* Qu'est-ce qui m'encourage à **être vraiment moi-même** ?
* Quel **gâchis matériel** puis-je éviter (pour moi et autrui) ?
* Quels sont mes **achats compulsifs** les plus fréquents ?
* Quels produits achetés contribuent à mon **mal-être** ?

Le principe d'abondance

L'idée, bien sûr, est de se recentrer sur l'**ESSENTIEL**, en diminuant certains postes budgétaires en conséquence.

Envisagez sérieusement une chose essentielle : l'Univers fonctionne selon un principe d'abondance. Cela ressemble apparemment à une croyance – même si cela n'en est pas une – et je peux comprendre que ce soit difficile à envisager pour vous. Mais je vous demande tout de même d'avoir la bonne volonté de l'expérimenter :

* Prenez un certain **temps de disponibilité**.
* Dressez la liste de toutes les circonstances, dont vous vous souvenez depuis votre enfance, où vous avez demandé à autrui quelque chose de **BON** pour vous, de relativement inattendu (argent, service, coup de main, cours ou apprentissage, tendresse, etc.) et qui vous a été accordé, quelquefois, contre toute attente !

Êtes-vous heureux de constater que la liste est, somme toute, assez longue ?

Pensée positive et esprit d'abondance

Il vous reste à cultiver cet esprit d'abondance en vous concentrant le plus souvent possible, et notamment avant de vous endormir, sur la pensée positive suivante : «en tant qu'être unique, donc précieux, je mérite d'être riche et de recevoir TOUT ce qui est juste pour moi, afin de vivre tranquille sur le plan financier.»

Cela pourrait bien vous mener à travailler moins pour gagner plus, qui sait ?

50 Considérez votre existence dans sa globalité

Une façon de couper court au stress consiste à prendre de la hauteur sur l'ensemble de sa vie.

En effet, n'oubliez jamais que, sauf preuve du contraire, vous n'avez qu'une seule vie, et qu'elle est finalement assez courte : que représentent quatre-vingts ans (en moyenne) sur l'échelle de l'humanité ?

La vie et rien d'autre

Le temps passant souvent plus rapidement qu'on ne le croit, prenez un instant pour envisager les années qui vous restent sur la scène terrestre et donc… la perspective de votre finitude : c'est bien elle qui, en fin de compte, déterminera vos choix existentiels. Ne pas se donner la possibilité de faire de vrais choix contribue à entretenir les tensions intérieures.

Voici quelques questions pour vous y aider

 * Comment et pour quelles raisons souhaiteriez-vous que l'on se souvienne de vous ?

 * Qu'aimeriez-vous avoir accompli concrètement lors de votre passage ici-bas ?

 * Quel(s) rêve(s) voudriez-vous voir se réaliser dans votre vie personnelle ?

 * Quelle(s) cause(s) voudriez-vous voir avancer dans votre pays ou dans le monde ? Comment pourriez-vous vous y impliquer ?

Prenez le temps d'y répondre sincèrement et de rédiger vos intentions.

Ensuite, datez vos écrits et signez au bas. Puis mettez-les sous pli et conservez-les dans un endroit sûr.

Puis laissez mûrir deux mois et reportez-vous à la règle n° 97.

51 Soyez attentif à votre humeur

L'irritabilité est l'une des premières manifestations du stress. Une façon de prévenir celui-ci consiste donc à observer l'évolution de son humeur.

Bien sûr il y a des choses qui irritent régulièrement chacun d'entre nous, et qui nous font naturellement soupirer, hausser les épaules, lever les yeux au ciel, etc.

Reconnaître le stress chronique

C'est un autre type d'irritation qui caractérise le stress chronique, décelable notamment quand ces trois critères s'additionnent :

1. La manifestation d'irritabilité se produit **plusieurs fois par jour**.

2. Il existe une **disproportion importante entre la cause initiale et l'expression réactive** qui s'ensuit, surtout de façon impulsive (par ex., une forte colère pour des broutilles).

3. L'absence totale de conscience du phénomène (par ex., le sujet concerné ne profère aucune excuse envers autrui et poursuit son discours ou sa tâche comme si de rien n'était).

Comment enrayer le processus ?

Avec une certaine autovigilance et un peu de d'entraînement, vous pouvez créer votre propre baromètre interne.

Repérez la fréquence de vos agacements récurrents vis-à-vis de certains objets, situations, notez-les précisément.

Ce petit travail est indispensable si des personnes vous font remarquer votre «méchante humeur» : en général, il y a rarement de «fumée sans feu».

Ensuite, il est important d'étudier une éventuelle corrélation physiologique, surtout à certains moments de la journée, avec :

* une hypoglycémie (par ex. aux alentours de l'heure du déjeuner) ;
* un manque de sommeil (par ex. en milieu d'après-midi).

Il est alors plutôt facile d'y remédier.

Mais il y a des cas où cette irritabilité se révèle le signe d'un mal-être plus profond, dont il convient d'analyser l'origine, le plus souvent multifactorielle.

Il est alors tout à fait utile de se confier rapidement à un professionnel neutre et bienveillant (médecin, psy ou coach). En effet, il est très difficile, pour ne pas dire impossible, de repérer et de contenir seul les prémices d'un stress chronique.

Si vous avez fabriqué un baromètre efficace, **vous savez bien que la mention «variable» précède celle de «tempête», non ?**

Plus zen
au boulot

52 Embellissez votre bureau

Tout le monde ne dispose pas d'un bureau individuel, mais si c'est votre cas, profitez-en!

✳ Pour commencer, trouvez des **fournitures dont les couleurs vous plaisent**. Harmonisez-les au mieux avec le mobilier.

✳ Puis choisissez d'accrocher aux murs des **posters de paysages naturels** qui vous font du bien au premier coup d'œil, dès que vous arrivez le matin (pensez par ex. à agrandir l'une de vos photographies de vacances).

✳ Côté **plantes vertes**, restez pragmatique et choisissez des végétaux nécessitant peu d'arrosage. Vous pouvez aussi envisager de composer un bouquet zen, très sobre, façon ikebana. Oubliez les plantes passées de mode (caoutchouc, poinsettia ou azalée). Optez plutôt pour un bonzaï ou si vous avez la place, un palmier ou un olivier nain, beaucoup plus tendance…

✳ Apportez **votre propre mug** en porcelaine.

✳ Dénichez un **parfum discret**, mais qui vous donne de l'énergie. Les lampes Berger, assez esthétiques, ou certaines bougies parfumées, à la touche plus féminine, pourront faire merveille, à la fois pour désodoriser et vous aider à vous concentrer. L'encens est déconseillé, car trop connoté…

Sans laisser libre cours à une fantaisie débridée, faites preuve d'imagination! Et surtout, renouvelez votre décor à chaque nouvelle saison : peaufiner votre environnement de travail vous sera une joie, vous verrez!

> MON CONSEIL Même si cela est fréquent dans les pays anglo-saxons, évitez de placer en évidence des photos de vos proches : cela pourrait sembler trop intime aux yeux de certains et fournir des indications à des collègues mal intentionnés…

53 Sortez de la cantine !

*L'heure du déjeuner est LE moment privilégié
pour reprendre des forces et se ressourcer. Or en termes
de loisir, il est fréquent que votre portion soit congrue.*

Alors ne gâchez pas ce moment en restant abonné chaque jour
à la cantine de votre entreprise, sous prétexte d'un «gain de temps»
supplémentaire ou d'une note «urgente» à finir avec un collègue.

Se détendre : un impératif

Même si votre self regorge de mets, la priorité est de **VOUS AÉRER**,
voire de vous «dépolluer», et ce, quelle que soit la couleur céleste.
Une bonne centaine de mètres de marche à pied constituera
un minimum. Vous en profiterez pour chasser au maximum toute
frustration ou autre ressassement professionnel, sous peine d'être
privé du dessert d'une détente que VOUS VOUS DEVEZ.

✳ Si vous êtes citadin, essayez d'alterner restauration rapide
– si possible de qualité – et petit bistrot.

✳ Choisissez-y un «plat du jour» que vous aurez commandé
par téléphone juste avant de sortir du bureau.

✳ Une fois bien assis, les pieds à plat sur le sol, prenez quelques
instants pour contempler votre assiette et la humer.

✳ Et même si vous n'êtes pas croyant, remerciez l'Univers
de cet apport nutritif : vous verrez, ça met en appétit.

✳ N'avalez pas trop vite vos aliments : les minutes prétendument
gagnées seront payantes un peu plus tard, version aérophagie ou
ballonnements, pile durant votre réunion.

Ça vaut le coup, non ?

54 Ne vous laissez pas envahir par les courriels

Les courriels font désormais partie de votre quotidien professionnel : ils surgissent chaque jour par dizaines (voire par centaines) sur votre écran d'ordinateur.
Comme si vos journées s'étaient soudainement rallongées !

Les courriels contribuent à augmenter votre stress de deux façons :
1. en vous déconcentrant de votre tâche présente et le plus souvent prioritaire,
2. en vous faisant croire habilement qu'il faut y répondre aussitôt, sous peine de passer pour un ringard, incompétent par manque de «réactivité», que sais-je encore ?
Comment s'en débrouiller au mieux ?

Voici quelques conseils

✳ Ne laissez pas votre messagerie ouverte en permanence (surtout sur votre smartphone) mais consultez-la uniquement à heures fixes (par ex. à 9, à 14 et à 17 heures – si vous partez à 18 ou à 19 heures) et tenez-vous à ce programme le plus précisément possible.

✳ Faites-le bien savoir oralement à vos collègues, à vos collaborateurs et même à votre supérieur hiérarchique direct : ils ne s'attendront pas à une réponse en dehors de ces créneaux horaires, et donc ne pourront être déçus ou agacés. En outre, demandez-leur d'indiquer dans l'intitulé de leur courriel s'il est urgent, si c'est vraiment le cas.

✳ Pour les réunions impromptues dites «de crise» ou de dernière minute, demandez donc à être prévenu par téléphone.

✳ Configurez un bon filtre antispams et mettez-le à jour chaque semaine car certains courriels indésirables peuvent passer «entre les mailles du filet».

✳ Demandez gentiment mais fermement à certains collègues et collaborateurs coutumiers du fait de ne pas vous mettre systématiquement en copie de courriels si cela n'est pas nécessaire.

✳ Charité bien ordonnée commence par soi-même : répondez succinctement aux courriels si vous voulez recevoir des réponses synthétiques.

✳ Demandez à vos proches de ne pas vous envoyer de courriels sur votre messagerie professionnelle, mais des SMS s'il s'agit d'une urgence. Cela vous permettra de faire plus vite le tri et ne donnera lieu à aucune critique professionnelle de la part de votre supérieur hiérarchique.

✳ Si, malgré toutes ces précautions, vous êtes envahi plus que de raison, respirez profondément à plusieurs reprises, fermez la porte de votre bureau et criez le premier nom d'oiseau qui vous vient à l'esprit face à votre écran. Puis répétez-vous que vous n'êtes qu'un ÊTRE HUMAIN, donc imparfait ; à chaque jour suffit sa peine (cf. règle n° 33). Non mais !

Vous ne ferez que DEUX exceptions pour :

✳ vos meilleurs clients (déterminez un montant de commandes en deçà duquel les clients sont « moyens » : eux auront été prévenus que votre réponse se fera sous 24 heures maximum) ;

✳ les grands pontes de votre entreprise.

55 Apprenez à déceler les symptômes de stress

Lorsqu'il se manifeste en entreprise, le (mauvais) stress se présente souvent masqué.

D'abord, parce qu'il est difficile de s'avouer ou d'avouer aux autres que l'on se sent stressé : cela est souvent considéré – à tort – comme une preuve de faiblesse. Ensuite, parce que les premiers signes de stress semblent parfois assez anodins, et mal aisés à distinguer. C'est leur fréquence élevée ou la brutalité de leur apparition qui fera la différence.

Il n'est pas rare que ces symptômes soient cumulatifs, selon les types de personnalité. Voici les symptômes de stress les plus caractéristiques :

 * **Les maux de têtes :** en général ils se manifestent dès le réveil et atteignent leur paroxysme en fin de journée.
 * **Les douleurs dorsales ou lombaires à répétition :** elles se manifestent souvent en milieu de journée.
 * **La baisse soudaine de l'appétit** ou, à l'inverse, l'apparition d'un «grignotage» compulsif entre les repas.
 * **La fatigabilité** («coups de pompe» sans raison).
 * **La fréquence plurihebdomadaire d'insomnies** (difficulté d'endormissement ou réveils nocturnes inopinés).
 * **Le bruxisme nocturne :** le serrement inconscient des mâchoires. En cas de doute, interrogez votre conjoint et votre dentiste.
 * **La consommation subitement accrue d'excitants** (café, thé, boissons énergétiques, ou de tabac).
 * **L'irritabilité** (notamment pour des broutilles).
 * **Le repli sur soi** (par ex., le déjeuner devient solitaire).
 * **La prise quotidienne d'anxiolytiques.**

Un humain averti en vaut deux, non ?

56 Devenez un « veilleur du stress »

Et si vous décidiez de vous placer en « état d'alerte »
vis-à-vis des signes de stress ? Chez vous, mais aussi
chez autrui ?

En effet, plus tôt vous jugulerez les signes de stress, mieux
vous éviterez un engrenage psychocorporel vers le burn out.
Il faut savoir que cette expression anglo-saxonne recouvre
une dépression pathologique : un individu met en moyenne
deux ans pour en guérir complètement, ce qui représente non
seulement un drame humain, mais aussi un coût financier pour
l'entreprise. Voici des pistes pour devenir un « veilleur du stress »
auprès des membres de votre équipe ou de votre service.

Un mode d'emploi en plusieurs étapes

* D'abord, il vous faut vous former sur les mécanismes
du stress (http://www.selfarmonia.com/prevenir-le-stress-de-facon-
concertee) et le faire savoir autour de vous.

* Ensuite, il est indispensable de recueillir l'autorisation
d'être veilleur auprès de vos collègues, après leur avoir exposé
la nature de votre motivation (surtout si vous n'êtes pas délégué
du personnel).

Une fois dûment « mandaté » par la majorité de vos collègues,
vous devrez :

* Être très à l'écoute de vos collègues, et notamment
de leurs plaintes physiques récurrentes : maux de têtes, douleurs
dorsales ou lombaires, baisse soudaine de l'appétit ou, à l'inverse,
apparition d'un « grignotage » compulsif entre les repas, fatigabilité
(« coups de pompe ») sans raison, etc.

* Noter précisément les changements survenant brusquement
dans leurs comportements : consommation subitement accrue
d'excitants (café, thé, boissons énergétiques…) ou de tabac,
irritabilité (notamment pour des broutilles), repli sur soi, etc.

Attention à bien communiquer

Trouvez le moyen et le moment opportuns pour communiquer avec chaque personne concernée. Il est essentiel que ce dialogue s'effectue de manière discrète et bienveillante pour que votre collègue ne se sente ni espionné ni jugé.

  * Commencez par parler de vous et de votre propre ressenti de l'ambiance de travail.

  * Puis demandez à la personne son opinion à ce sujet et soyez attentive à sa réponse.

  * **Si elle vous confie d'emblée sa difficulté**, cela signifie qu'elle en est consciente. Vous pourrez alors évoquer avec elle différentes solutions face à la situation.

  * **Si en revanche la personne élude le problème,** c'est sans doute qu'elle est déjà dans un processus «d'autoculpabilisation», caractéristique d'un stress chronique. Dans ce cas, n'insistez surtout pas et abordez un autre sujet, si possible valorisant pour elle. Dans les semaines suivantes, si vous observez que les signes repérés persistent, voire se traduisent par un ou plusieurs «congés maladie», je vous suggère d'alerter le médecin du travail, qui pourra convoquer votre collègue anonymement.

En étant un acteur de prévention du stress, vous allez créer une vraie «intelligence collective» au service de tous.

IMPORTANT Dans cette démarche de veille, il est primordial de ne pas intervenir sans l'approbation confiante de vos collègues. Cela implique que vous ayez suffisamment d'ancienneté et de crédibilité sociale dans l'entreprise.

L'idéal bien sûr serait de pouvoir impliquer à terme le CHSCT et la hiérarchie, mais cela dépend beaucoup de la taille et de la culture de votre société…

57 Communiquez sur vos besoins

Dans le cadre de l'entreprise, il est parfois difficile de se faire entendre sur le plan individuel. Pourtant, les non-dits deviennent fréquemment la source de préjugés et de malentendus. Des conflits larvés peuvent s'instaurer, surtout avec la hiérarchie, et parfois perdurer... N'oubliez pas que c'est souvent ainsi que s'installe le stress chronique !

Il est fort possible que vous hésitiez à communiquer par crainte de vous faire remarquer de vos collègues, ou pire, par peur de perdre votre job, surtout si le contexte est tendu. Dites-vous que :

* Vos besoins sont a priori **légitimes**.
* Vous avez un devoir envers vous-même : celui de vous **respecter** en les exprimant.
* **Il se pourrait bien qu'ils coïncident avec ceux de vos collègues.**

Mode d'emploi

1. Dressez la liste de TOUS vos besoins légitimes (par ex., pas de réunion après 17 h 30, car vous avez une vie de famille).

2. Allez trouver un collègue de votre équipe qui vous porte un véritable intérêt et en qui vous avez une réelle confiance depuis longtemps.

3. Exposez-lui vos besoins et demandez-lui un feed-back. Puis effectuez un tri avec lui, en vue de solliciter un rendez-vous auprès de votre supérieur hiérarchique direct, à propos de deux de vos besoins prioritaires.

4. Pour bien préparer cet entretien, **formulez au préalable votre demande par écrit, puis entraînez-vous oralement.**

5. Durant votre entretien, soyez synthétique et évitez d'exprimer des plaintes et des reproches.

6. Faites ressortir l'avantage de satisfaire vos besoins pour l'intérêt de l'équipe et créez dans votre discours un équilibre entre droit individuel et engagement vis-à-vis de l'entreprise.

7. Argumentez efficacement : si cela est possible, citez en exemple un autre service de l'entreprise ou une autre société du groupe où vos besoins ont déjà été pris en compte (ne citez surtout pas une entreprise concurrente).

8. À l'issue du rendez-vous, lâchez prise immédiatement sur son résultat. Mais fixez-vous de suite une échéance pour revenir éventuellement à la charge si vous n'avez pas été entendu.

Et si vos besoins se révèlent collectifs, **alliez-vous avec d'autres collègues** : dans ce domaine, l'union fait la force !

58 Traitez d'abord les priorités

Vous connaissez cette espèce de migraine montant sournoisement au début d'une journée de travail chargée ? Ce malaise diffus est l'expression d'un stress, le plus souvent lié à la confusion concernant la définition du mot PRIORITÉ, qui recouvre deux aspects distincts : l'IMPORTANT et l'URGENT.

Comment distinguer l'important de l'urgent ?

Moins vous aurez établi une distinction claire et responsable entre ces deux qualificatifs pour vos différentes tâches du jour, plus le stress risque de s'intensifier.

Comme votre corps ne ment jamais, accordez toujours de la valeur au signal qu'il vous envoie.

* Posez-vous cinq minutes.
* Consultez calmement votre liste des « choses à faire ».

Prenez soin de placer chacune des tâches dans l'une des deux rubriques suivantes, voire dans les deux. Pour ce faire, soupesez bien le sens des appellations.

* **Ce qui relève de l'IMPORTANT correspond à des VALEURS** (les vôtres et celles de votre entreprise).
* **Ce qui relève de l'URGENT correspond à un CALENDRIER** (le vôtre, celui de votre service ou de votre supérieur).

En dehors des tâches dûment inscrites dans les deux rubriques et que vous devez donc faire figurer dans l'agenda de votre journée, choisissez :

* de reporter les autres à une date ultérieure précise (pour éviter de procrastiner) ;
* ou de les déléguer à quelqu'un (sans volonté de lui nuire).

Vous vous sentez déjà mieux.

59 N'alimentez pas la procrastination

La procrastination désigne un comportement consistant à remettre à plus tard une action qui pourrait être ou devrait être réalisée immédiatement.

Le fait de procrastiner est courant dans des domaines bien spécifiques du quotidien, et tout particulièrement dans le cadre professionnel. Le problème est que la procrastination, souvent inconsciente, génère du stress.

Voici un exemple concret de ce processus mental en 10 étapes :

* **Jour 1, 14 h :** « J'ai absolument besoin de faire le point avec un collègue du service commercial sur les chiffres des ventes du nouveau produit X. »
* **Jour 1, 16 h :** « Je vais lui envoyer un courriel pour prendre rendez-vous au plus vite. »
* **Jour 1, 19 h :** « Oh il est déjà 18 h 55, je le ferai demain… »
* **Jour 2, 19 h :** « Zut j'ai complètement oublié d'envoyer ce courriel : je le reprogramme pour demain. »

✳ **Jour 3, 9 h :** « Oh non ! je ne l'ai toujours pas envoyé…
Oui, mais il y a cet appel d'offres auquel je dois répondre
en urgence. Ce courriel attendra… »

✳ **Jour 5, 16 h :** « Ah oui, c'est vrai il y a ce courriel…
Oui, mais on est vendredi, et je n'en peux plus, moi…
Bon je vais faire un petit tour à la cafétéria et je le fais en revenant. »

✳ **Jour 8, 9 h :** « Oh ! là, là ! Il me faut vraiment ces chiffres
de vente. J'envoie ce courriel d'ici ce soir ! »

✳ **Jour 10, 17 h :** « En réunion, je n'avais même pas les chiffres…
J'aurai dû envoyer ce courriel. Ce n'est vraiment pas pro de ma part. »

✳ **Jour 11, 9 h :** « Bon ! Ce coup-ci, c'est sûr : j'envoie ce courriel
sans faute aujourd'hui. »

✳ **Jour 12, 18 h :** « On est vendredi et si je ne pars pas dans
5 minutes, je rate le train du week-end : vraiment pas le temps
d'envoyer ce courriel. De toute façon, au point où j'en suis, il pourra
bien attendre lundi… »

Cet exemple vous fait rire… jaune ?

Voyez comme l'ajournement progressif entraîne l'automanipulation,
puis la culpabilité et la mésestime de soi et enfin, un fatalisme
destructeur, qui peut avoir des conséquences désastreuses pour
le salarié comme pour l'entreprise.

Quel que soit votre poste, voici les bonnes questions à vous poser
pour éviter d'en arriver là :

✳ Quelles sont les actions que vous effectuez toujours au dernier
moment ?

✳ Avez-vous repéré un domaine de report quasi systématique ?

✳ Quels sont les collègues ou managers qui se sont plaints
d'un retard de votre part ?

✳ Ressentez-vous régulièrement un malaise en consultant
votre liste des « choses à faire » le lundi matin ?

✳ Si vous êtes dirigeant d'entreprise, avez-vous perçu des signes
de réprobation répétés de la part des membres de votre comité
de direction quant à certaines décisions que vous avez prises
(en dehors de leurs rémunérations) ?

Et ne remettez pas ce questionnaire à demain !

60 Ne prenez que votre part

En pleine réunion d'équipe, à l'écoute d'un collègue,
vous sentez soudain monter en vous une forte tension
intérieure. D'autant plus désagréable que vous ne savez
pas pourquoi, ni comment la gérer.

Observez attentivement ce qui se passe : cela fait en réalité
cinq bonnes minutes que votre collègue se montre insistant,
voire agressif dans ses propos.

Est-ce bien votre problème ?

C'est possible, du moins en partie : après réflexion, vous réalisez
que la source de votre agacement est reliée à un vécu qui vous
est propre. C'est ce que l'on appelle « l'effet miroir » : cette personne
vous renvoie sans le vouloir à une situation que vous avez
vous-même déjà connue, et de façon difficile.

Mais il vous faut explorer deux autres possibilités : il se peut
que ce collègue prenne beaucoup trop à cœur le sujet à l'ordre
du jour. En fait, il est en train de vivre un problème sur le plan
psychologique qui ne vous concerne pas.

Et puis, en continuant votre analyse, vous prenez peut-être
conscience que le cas de votre collègue n'est pas isolé. En réalité,
comme tous les membres de l'équipe, vous vivez mal le rapport
de subordination avec votre supérieur hiérarchique. C'est justement
lui qui dirige la réunion, d'une main de fer, sans vraiment écouter
ce que les membres de son équipe lui exposent.

Vous constatez donc que l'origine de votre stress est multiple,
mais qu'en réalité vous ne pouvez en maîtriser que la part qui vous
incombe.

Ça vous soulage, non ?

61 Négociez du télétravail

Le télétravail est à la mode, alors profitez-en pour diminuer votre stress professionnel !

Bien sûr, le travail à distance n'est pas envisageable dans tous les métiers. Voyez si ces critères correspondent à votre travail, pour le faire valoir à votre hiérarchie :

 * Vous travaillez trop nombreux dans un immense open space ou dans le même bureau exigu.

 * Votre tâche requiert souvent une grande concentration, notamment pour répondre à la demande urgente de clients.

 * Votre temps de déplacement quotidien aller-retour avoisine les deux heures.

 * Une communication par courriel ou en vidéoconférence est possible pour rester bien connecté à votre entreprise.

 Alors, prêt à prendre de la distance ?

Attention, le télétravail ne convient pas à tout le monde

Soyez très vigilant à l'égard de certains aspects de votre situation ou de votre personnalité :

 * Vous êtes parent de jeunes enfants.

 * L'agencement de votre domicile ne se prête guère à un travail de bureau.

 * Un travail plus intense sur ordinateur vous serait pénible.

 * Vous éprouvez des difficultés à supporter la solitude.

 * Vous avez en général du mal à suivre une discipline.

 * Vous avez un penchant naturel pour la procrastination.

 * Vous avez tendance à être perfectionniste.

> MON CONSEIL Faites un test d'au moins une dizaine de semaines en vue d'un télétravail au long cours.

62 Mettez-vous davantage en valeur

Précédemment, il a été question de ne plus vous comparer à autrui, car cela génère beaucoup de tensions intérieures. Mais cela ne signifie pas pour autant qu'il vous faille demeurer en retrait... ce qui entraînerait certainement d'autres tensions à terme.

Vous rendre visible aux yeux de vos collègues et de votre supérieur hiérarchique peut se révéler tout à fait pertinent, à condition de le faire à bon escient, et donc de vous éviter justement un stress supplémentaire.

Vous êtes unique

Tout d'abord, il est primordial de bien connaître votre véritable «VALEUR AJOUTÉE», sur le plan professionnel bien sûr, mais aussi sur le plan personnel, car les deux restent toujours liés.
En effet, vous êtes pourvu d'une VOCATION D'ÊTRE SPÉCIFIQUE. Vous êtes À LA FOIS une somme singulière d'inné (votre patrimoine génétique, l'inconscient collectif de votre famille) et d'acquis (votre formation, vos choix existentiels et votre stratégie de carrière).

Vous possédez ainsi un je-ne-sais-quoi qui vous est propre :

* des **talents innés** que vous développez sans efforts ;

* une **expérience particulière** : vous avez un passé riche de connaissances acquises au jour le jour et dans les circonstances les plus diverses ;

* la **capacité de donner** : votre générosité fait partie de vous et vous savez en faire preuve au besoin. Il est bon de répertorier précisément ces moments.

Trouvez les opportunités pour montrer davantage ce que vous valez

* **Faites la liste de toutes les situations professionnelles que vous vivez au quotidien,** mêmes les plus insignifiantes (par ex., se retrouver avec un collègue devant la même machine à café).

* **Choisissez parmi ces situations** d'une part les plus fréquentes, et d'autre part celles où vous avez le plus de chance et/ou de facilité pour donner une image valorisante de vous-même.

* **Signez un pacte avec vous-même pour mettre en œuvre cette mise en valeur avec une échéance précise.** Et si vous risquez de procrastiner, prenez un engagement devant un témoin qui vous veut du bien (conjoint ou ami), et qui aura pour mission de vous questionner sur le sujet.

* Notez soigneusement toutes vos avancées, même les plus petites.

* **Restez sur le «qui-vive»** pour saisir une occasion privilégiée en la matière.

* **Faites le point régulièrement et ajustez votre comportement** ou les choix de situations professionnelles pour en préférer de plus adéquates.

Et le plus important : **CROYEZ EN VOUS!**

Vous le valez bien, non ?

Mettez en avant cinq atouts

En entreprise, cinq qualités sont particulièrement importantes à mettre en avant, car ce sont généralement les plus appréciées :

1. La faculté d'être à l'écoute d'autrui.

2. L'esprit de synthèse.

3. La capacité à se mettre réellement au service d'une équipe.

4. L'aptitude à fédérer en appliquant des principes démocratiques.

5. L'intelligence de prendre des initiatives pertinentes.

63 Soyez force de proposition

Vous êtes toujours prévenu d'une réunion importante au dernier moment? Vous avez de la difficulté à faire entendre votre voix en équipe? Vous avez l'impression d'être transparent aux yeux de votre boss?

Bref, vous avez l'impression très désagréable d'être un vilain petit canard au milieu de grands et beaux cygnes. Et à force, cela vous crispe et mine votre moral…

Or, de deux choses l'une : soit vous avez une légère tendance à «noircir le tableau», soit vous avez réellement été «mis sur la touche», pour une raison qui vous échappe.

Dans les deux cas, vous en aurez le cœur net si vous décidez de devenir ce que l'on nomme une «force de proposition».

Comment gagner en visibilité? Rien n'est plus nécessaire en entreprise que d'être «la bonne personne à la bonne place et au bon moment», non? Alors faites-le savoir clairement et montrez concrètement ce dont vous êtes capable en termes de créativité adaptée et opportune, et intervenez là où on ne vous attend pas!

1. Passez d'abord en revue tous les domaines où vous pourriez «briller»

* la synergie des postes de votre service;
* la gestion des absents;
* l'organisation du planning;
* le management de votre équipe;
* la diminution du turnover;
* la communication interne transversale;
* les économies budgétaires;
* le développement durable;
* la communication interne;

* le mécénat social ;
* la santé et le bien-être des salariés, etc.

Dans cette liste figure sûrement l'un de vos domaines spécifiques de compétence.

2. Adoptez une attitude positive aussi bien sur le fond que sur la forme

* **Évitez la critique**, même constructive, de ce que vous souhaitez améliorer.

* **Placez-vous d'emblée sur le terrain de l'innovation et de l'accroissement de productivité,** en étudiant précisément en priorité le ratio entre coût et efficacité vis-à-vis du business model de votre entreprise : c'est ainsi que vous convaincrez au mieux vos supérieurs hiérarchiques de la pertinence de votre démarche.

* **Ensuite, prenez soin de bien intégrer votre proposition** dans la logique de la culture de votre entreprise.

* Veillez toutefois à ce que le développement de votre proposition ne soit pas trop chronophage et n'empiète pas sur les tâches actuelles liées à votre fonction : fixez-vous un délai suffisant pour la présenter.

Voilà de bons moyens de vous rendre indispensable, non ?

64 Ne vous laissez pas manipuler par « l'excellence »

A priori, viser l'excellence est une belle qualité, impliquant le dépassement de soi. Par conséquent, cela ne devrait générer que du bon stress, en vue de vous inciter à donner le meilleur de vous-même. L'excellence doit vous rendre fier et renforcer le sentiment d'appartenance à l'entreprise. Or ce mot peut masquer une tout autre réalité.

L'envers de l'excellence

En effet, une bonne part du mauvais stress proliférant dans certaines entreprises provient de l'affrontement entre la rentabilité imposée par les logiciels de gestion et les limites du fonctionnement psychocorporel des employés. La conséquence, c'est que le mot « excellence » correspond alors à une réponse impérative en matière de rentabilité.

Il convient donc de vérifier scrupuleusement ce que recouvre ce mot pour ne pas vous laisser manipuler. Car sous ce terme peut se dissimuler un « toujours plus » qui vous mènera tout droit à l'autoculpabilisation, voire, si vous êtes un peu fragile psychologiquement, à la mésestime de vous-même ou à la honte.

Soyez vigilant

Aussi je vous suggère vivement de bien observer :

❋ si la révision permanente des objectifs à la hausse, en ce qui concerne les contributions que l'on vous demande, est bien assortie de critères de récompenses et non de mises à l'index ou de sanctions ;

❋ si l'hyperactivité garde ses effets psychostimulants en vous apportant joie et énergie, ou si elle vous empêche de vous détendre.

Rien ne sert de courir ; il faut partir à point.

65 Découvrez l'humain sous le chef

Vous n'en pouvez plus de votre boss : vous êtes convaincu dur comme fer que c'est lui la cause n° 1 de votre stress journalier.

✳ Il vous harcèle chaque semaine pour l'atteinte de vos objectifs !
✳ Il refuse d'accorder un budget dédié à la cohésion de votre équipe !
✳ Il est en décalage entre ce qu'il dit et ce qu'il fait !
✳ Il renâcle depuis des mois à vous accorder une formation ! Etc.

Et si vous acceptiez de considérer que dans une relation, chacun a sa part de responsabilité… et en premier lieu dans la façon de percevoir l'autre ?

D'ailleurs, voyez-vous votre supérieur hiérarchique autrement que comme un «patron» ? Selon vous, parce qu'il est votre N + 1, n'en revêt-il pas FORCÉMENT les oripeaux, surtout les plus détestables ?

Seulement, cette perception ne correspond pas à une réalité objective. Avez-vous pris le temps d'envisager le fait que votre supérieur hiérarchique était peut-être, tout autant que vous, prisonnier de sa fonction, donc d'un rôle, pour gagner son salaire mensuel ?

Et que si votre relation est devenue ce qu'elle est, c'est sans doute lié, pour une bonne part, à la culture de votre entreprise mais aussi parce que vous ne lui avez jamais laissé l'espace d'en sortir ?

Ne projetez pas vos émotions négatives sur votre chef

Vous vous rendez compte que vous ne savez finalement pas grand-chose sur votre supérieur hiérarchique… Et que votre mental est un juge qui parfois s'emballe et devient impitoyable, sous les seuls prétextes que votre chef a plus de pouvoir dans l'entreprise ou est mieux rémunéré que vous.

Vous pouvez donc constater que derrière votre «stress», se cache en réalité, de la colère et/ou de l'amertume que vous projetez sur votre chef. Vous l'accablez alors un peu vite de certains maux… qui relèvent en réalité de votre propre fonctionnement.

Il vous revient ainsi de rechercher les raisons qui ont fait surgir ces émotions perturbatrices en vous.

Or, n'est-il pas sain de «rendre à César ce qui est à César»?

PETIT EXERCICE Voici deux visualisations à faire à tête reposée.

– Commencez par fermer les yeux.

– Visualisez votre supérieur hiérarchique dans d'autres circonstances, hors cadre professionnel :

• en pyjama en train de se brosser les dents ;

• en jogging en train de regarder la TV avec ses enfants ;

• en short en train de courir dans un jardin public, etc.

Ne vit-il pas chaque jour les mêmes choses banales que vous ?

Puis imaginez-le en train de recevoir une mauvaise nouvelle d'ordre privé :

– On lui annonce le décès d'un ami d'enfance.

– Un médecin l'informe d'un diagnostic de cancer.

– Il est sous le coup d'une rupture sentimentale, etc.

Cette personne ne risque-t-elle pas de vivre les mêmes épreuves que n'importe quel autre humain ?

66 Voyez le maître sous le rival

La rumeur vient de se répandre : un poste va être créé au sein d'une équipe où vous rêvez de travailler depuis longtemps. A priori, vous avez le profil et les compétences...

Oui, mais voilà, vous apprenez que vous n'êtes pas le seul en lice… La première déception passée, vous vous demandez quelle stratégie adopter en vue d'obtenir ce fameux poste. Et le stress, sous la forme d'une anxiété d'anticipation, commence à se manifester…

Mais êtes-vous assuré auprès de la DRH que vous répondiez EFFECTIVEMENT à tous les critères requis ?

Envisageons trois cas de figure principaux

1. Vous avez le bon profil et c'est tant mieux. Tâchez de savoir qui est votre « rival », histoire de jouer plutôt la carte de la complémentarité et non de l'opposition auprès de la DRH ou de la direction générale. Mais surtout, recentrez-vous sur vous-même et exploitez au maximum votre « valeur ajoutée » en termes d'expérience, de compétences mais aussi de savoir-être. Car c'est peut-être à ce niveau-là que vous pourriez « faire toute la différence ».

2. Vous vous apercevez que vos compétences, finalement, ne correspondent pas vraiment à celles qui sont exigées pour le poste. Et votre concurrent les possède, lui. Je vous conseille de lâcher prise immédiatement et sans regret. Vous pourrez ainsi vous réjouir sincèrement que l'entreprise ait trouvé en interne la personne adéquate (à moins d'être un jaloux invétéré).

3. Vous découvrez qu'il vous faut acquérir, pour occuper ce poste, certaines qualifications supplémentaires, que possède en partie votre rival. Alors n'hésitez pas à vous former au plus vite : même si votre candidature n'est pas retenue, vous aurez au moins contribué à valoriser votre profil. Et qui sait si cela ne vous sera pas encore plus utile dans une autre circonstance ? Vous pouvez donc constater que l'obstacle constitué par votre «rival» n'est qu'apparent, puisqu'il vous a donné l'opportunité de progresser dans plusieurs domaines, tant sur le plan professionnel que personnel.

Or, n'est-ce pas cela, un maître ?

MON CONSEIL Si vous devez attendre une autre opportunité, veillez cette fois à ne pas «vous faire un film» à l'avance. Vous pouvez aussi employer tout votre zèle stratégique à proposer la mise en place d'un autre poste, pour lequel vous êtes le seul à avoir, cette fois, toutes les qualités requises.

67 Vous n'êtes pas votre job

Une part du stress professionnel est due au fait que le travail envahit parfois, sournoisement, la quasi-totalité de l'espace mental. Certes votre job est votre gagne-pain et il occupe une large part de votre vie sociale, mais vous ne devez pas vous identifier totalement à lui pour autant !

TEST **Êtes-vous «travaillomane» ?**
– Pensez-vous fréquemment à votre boulot en dehors des heures de bureau ?
– Rapportez-vous des dossiers à étudier chez vous ?
– Réfléchissez-vous systématiquement à une stratégie de promotion interne ?
– Anticipez-vous votre semaine professionnelle dès le dimanche soir ?

Si vous avez répondu OUI à au moins trois de ces quatre questions, vous pouvez vous considérer comme un «travaillomane»: vous entretenez une relation excessive, voire obsessionnelle à votre travail. Mais qu'adviendra-t-il si vous perdez votre poste ou lors de votre départ en retraite? La question vous paraît peut-être rude, et pourtant, elle risque de se poser à terme.

Du recul

En restant en permanence «la tête dans le guidon», vous risquez de perdre de vue les motivations profondes que vous nourrissez pour votre emploi et/ou votre métier. Si vous l'avez choisi parce qu'il est rémunérateur dans le but d'offrir un certain standing à votre famille, ne vous coupez pas d'elle: votre engagement professionnel finirait par perdre de son sens. Si vous avez décidé d'être «numéro un» dans votre secteur et que c'est chronophage au point de faire de vous une sorte de robot déshumanisé, qui s'intéressera ensuite vraiment à vous en dehors du cadre professionnel?

Il paraît donc primordial de **remettre en perspective** les différentes facettes de votre vie, car il se pourrait bien que cette identification trop forte à votre travail vous mène tout droit au surmenage, voire au burn out. N'oubliez pas que vous êtes d'abord **une personne** avant d'être un collaborateur ou un manager. Et vous ne vous réduisez pas à des compétences et à des performances.

68 Soyez responsable et pas coupable

Une bonne part de votre stress au travail provient souvent du fait de laisser la culpabilité s'installer dans votre tête.

Cette culpabilité vous manipule, plus ou moins insidieusement, par des formules comme celles-ci: «Quel idiot! J'aurais dû

me méfier de X. qui a toujours lorgné sur mon poste… » ;
« Mais, pourquoi n'ai-je pas pensé à prévenir plutôt mon N + 1
de… », etc. Et pour peu que votre conjoint vous ait fait remarquer
sèchement au réveil que vous avez « oublié de racheter du café »
ou que votre chien vous fasse la tête, vous voilà entraîné dans
une spirale gris ardoise. Et d'abord, pourquoi faudrait-il la payer,
cette ardoise ?

La culpabilité est un jeu de l'ego

Ne soyez pas dupe : la culpabilité est une automanipulation.
Car, par définition, l'ego veut occuper toute la place sur le devant
de la scène, pour dominer la situation ! Alors il vous fait croire
que vous avez FORCÉMENT endossé le mauvais rôle ou joué
la mauvaise carte et vous charge d'une faute imputable à vous seul :
ben voyons !

En voilà une illusion démesurée ! Comme si vous étiez l'unique
occupant de cette planète et que l'interdépendance des causes
et des effets, des êtres et des choses n'existait pas !

La culpabilité épuise votre énergie psychique : elle vous inhibe
en vous obligeant à ressasser le passé comme un disque rayé
(cf. règle n° 31) et en vous donnant une image négative et déformée
de vous-même.

En réalité, la culpabilité ne sert à RIEN… sauf si vous en êtes
conscient et la transformez en responsabilité.

Croire en sa responsabilité

En effet, la responsabilité, en vous poussant à l'action, vous redonne
confiance présentement et pour l'avenir. La responsabilité,
c'est faire face ICI et MAINTENANT. Et ce n'est pas si terrible !
Car plus on affronte les choses telles qu'elles sont, plus on s'aperçoit
que l'on en trouve en soi les ressources. Et il arrive même que
la vie vous donne un petit coup de pouce tout à fait opportun,
vous verrez !

**Alors, vous n'allez tout de même pas continuer à être
votre propre ennemi ?**

69 Travaillez moins pour gagner plus

**Et si vous preniez à revers la formule célèbre
d'un certain président de la République française?**

En effet, votre stress au boulot a peut-être pour origine votre
insatisfaction sur le plan salarial : vos efforts sont soutenus
– pour ne pas dire plus ! – mais la reconnaissance financière n'est
plus au rendez-vous depuis trop longtemps…

Ne serait-il donc pas judicieux de vous demander si le jeu
en vaut la chandelle : en clair, étudier précisément si le ratio
entre vos revenus professionnels et votre qualité de vie est à peu
près équilibré.

Cela implique de REVISITER VOTRE BUDGET.

* Faites vos comptes de façon approfondie afin de savoir
exactement où vous en êtes côté finances (et ne plus «naviguer
à vue» si c'est votre cas).

* Dressez la liste de ce que vous considérez comme
vos dépenses mensuelles incompressibles, poste par poste,
puis ajoutez à ce montant 15 % minimum de dépenses imprévues
(impôts, déplacements, réparations, santé, etc.)

* Enfin, devenez un véritable ACTEUR de votre consommation :
passez en revue les impulsions d'achats jusque-là quasi
automatiques, ou les négligences ayant certaines conséquences
écologiques et/ou citoyennes (par ex., jeter de la nourriture
non consommée).

Une fois vos comptes en bon ordre, vous pourrez d'autant
mieux établir un nouveau budget, environ un mois plus tard :
choisissez les postes que vous pouvez supprimer tout de suite
(et ceux dont vous pouvez abaisser le montant, d'abord sur un mois
puis, si cela se passe bien, sur un trimestre, etc.).

Un autre choix de vie

Suite à cela, vous serez en mesure d'effectuer des choix conscients et raisonnés vis-à-vis de votre train de vie. Et ce gain de lucidité va enfin vous permettre de trancher : pouvez-vous vous contenter de moins d'argent en travaillant moins et ainsi gagner du temps afin de satisfaire vos besoins légitimes et profonds ?

Négocier un horaire à 4/5e ou un assouplissement de votre planning ne vous semblera peut-être plus impossible, qui sait ?

70 Ne ployez pas sous les objectifs

Cette règle s'adresse particulièrement aux responsables du middle management. En général, ils ont une multiplicité d'objectifs. Et comme il arrive souvent que ceux-ci soient contradictoires, une sensation de saturation mentale peut survenir. Et un stress chronique apparaître...

Pour pallier cet effet de saturation, il est nécessaire de faire le tri entre l'urgent et l'important (cf. règle n° 58), mais pas seulement.

Du sens avant toute chose

Ce qui demeure difficile à vivre pour le manager intermédiaire, c'est d'avoir à gérer de nombreux objectifs sans qu'ils fassent suffisamment SENS. De plus, la gestion de leur succession dans le temps devient problématique puisque des délais arbitrairement fixés renforcent le malaise existant.

Autrement dit, si l'ordonnancement des objectifs répondait à une VRAIE cohérence, la question de leur nombre se poserait moins.

Aussi, afin que le manager intermédiaire puisse supporter ce poids, il faut qu'il puisse être associé, de façon suffisante et régulière, à l'élaboration et à la divulgation de la vision stratégique de l'entreprise : c'est cet apport de signification et de direction (les deux acceptions du mot « sens ») qui fera la différence.

La cohérence pourra alors émerger, et par conséquent, les objectifs opérationnels seront redéfinis dans un cadre plus juste. D'ailleurs, il se pourrait que certains disparaissent. CQFD.

Un dialogue clair et intègre avec le comité directorial s'impose donc : et s'il était temps d'aller revoir votre direction générale ?

71 Fréquentez plus souvent la DRH

Si vous êtes de ceux ou celles qui frémissez rien qu'à l'évocation de votre « entretien annuel d'évaluation », cette règle d'or vous est particulièrement destinée. Or, une bonne façon de s'acclimater à une eau a priori un peu trop fraîche n'est-elle pas de s'y tremper par étapes ?

Tout d'abord, je vous propose de prendre en considération l'idée que la « DRH » ne se résume pas à trois lettres terrifiantes, ni à une instance implacable. Il y a des êtres, d'ailleurs plutôt ouverts, derrière !

Ensuite, soyez rassuré : la Direction des Ressources Humaines n'est pas constituée d'affreux « mouchards à la solde du DG », uniquement focalisés sur cette fameuse évaluation pour vous embarquer dans la prochaine « charrette » ; n'oubliez pas que ce département a aussi bien d'autres services à vous offrir, et heureusement !

À quoi sert la DRH ?

* **En premier lieu, la DRH a pour fonction de vous fournir des « perspectives d'évolution » pour votre carrière dans l'entreprise** (cf. règle n° 72). Même si elles peuvent parfois se révéler assez réduites, autant le savoir concrètement et ne pas se faire trop d'illusions, non ?

✳ **En outre, ce département peut aussi établir une passerelle avec le service Formation** si vous en avez besoin pour aller de l'avant ou développer votre potentiel, en vue d'une future promotion ou mutation, notamment géographique.

✳ **De même, il peut vous mettre en rapport avec le CHSCT**… et pas forcément à cause d'un problème d'absentéisme.

✳ **Il lui revient aussi – rôle essentiel – d'établir une certaine déontologie concernant le respect des droits des salariés,** en complément de celle défendue par la délégation du personnel. Si vous êtes devenu un «veilleur de stress» (cf. règle n° 56), vous pourrez y trouver éventuellement un allié efficace pour faire valoir vos propositions auprès de la hiérarchie.

✳ **Enfin, tenu à la confidentialité la plus stricte, ce service peut constituer un bon soutien,** s'il s'avérait par exemple que vous soyez victime de harcèlement moral.

Bon alors, une porte à pousser, ce n'est pas si difficile. En outre, qu'avez-vous vraiment à perdre, à part apprivoiser votre peur ?

72 Construisez votre carrière

Le mot «carriériste» ne fait pas partie de votre vocabulaire ? Et vous seriez plutôt du genre à «faire vos heures» sans rien demander à personne ? Ou à vouloir seulement occuper votre fonction au mieux en vue de donner satisfaction à votre supérieur hiérarchique ?

Sachez que ces attitudes sont tout à votre honneur, mais qu'elles ne suffisent peut-être pas. Car sans vous montrer purement opportuniste, il est bon d'anticiper votre avenir professionnel, même si la vision à court terme est souvent plus en vogue…

Anticipez

Il importe de vous projeter à moyen terme (trois à cinq ans) et de connaître les perspectives réellement offertes par la société où vous voilà investi comme salarié.

⁕ **Il serait donc judicieux, sans dévoiler vos intentions bien sûr, d'aller vous enquérir auprès de la DRH d'un éventuel plan de carrière**, que vous envisagiez ou non de rester dans l'entreprise.

⁕ **En outre, demandez à bénéficier d'un bilan de compétences** afin de faire acte de candidature dans un autre service ou de suivre une formation en vue de préparer votre sortie. Une reconversion se prépare en amont si vous êtes déterminé à trouver votre juste place.

⁕ **Enfin, soyez lucide sur l'évolution économique de votre domaine d'activité au niveau national et international**. Certains pans de l'économie sont, hélas, en train de s'effondrer, lentement mais sûrement.

Face aux éventuelles rumeurs de licenciement dans votre secteur, construire votre carrière n'est-il pas aussi un moyen de court-circuiter un futur stress ?

73 Pratiquez l'intelligence de situation

De nos jours, dans le quotidien professionnel, les aléas sont devenus très fréquents. Et votre adaptabilité est mise à rude épreuve, ce qui entraîne des «poussées d'adrénaline» et des tensions parfois extrêmes... Or, il est possible d'en faire l'économie. Pour une bonne part, en tout cas.

Faites preuve d'intelligence vis-à-vis de la situation présente :
⁕ en acceptant l'événement imprévu, surtout s'il est «négatif» ;
⁕ en le transformant en une opportunité.

1. Tout d'abord, sachez que ce vous considérez comme IMPRÉVU est en réalité tout à fait SUBJECTIF

Vous aviez juste imaginé ce qui VOUS semblait prévisible notamment parce que cela vous arrangeait bien, non ?

N'oubliez pas que, comme tout humain moyen, vous n'utilisez en général que 10 % de votre cerveau. Vous n'êtes donc pas enclin à envisager tout le champ des possibles à un moment et en un lieu donné.

En effet votre vision est :

* limitée (par votre seule perception et par vos croyances) ;
* orientée (par votre environnement) ;
* conditionnée (par votre histoire personnelle).

2. L'« imprévu » s'étant manifesté sous son mauvais jour, il est essentiel de pouvoir se donner du temps

Le temps de la réflexion, bien entendu. Il s'agit de donner à l'événement en question une interprétation à laquelle vous n'auriez pas songé de prime abord : comme on rebat les cartes au jeu, pour recevoir une nouvelle donne…

L'idée est de chercher l'opportunité positive qui pourrait se cacher derrière l'apparence désastreuse. Car, sans vous montrer d'un optimisme béat, il se pourrait bien qu'à terme la situation se retourne en votre faveur.

Et il se pourrait même que vous viviez un tournant dans votre vie professionnelle : par exemple, le moment propice pour faire preuve de créativité et d'innovation. Surtout si les recettes jusque-là éprouvées sont devenues obsolètes et donc condamnées à disparaître.

Alors un conseil : ne vous lamentez ou ne stressez pas trop vite, ok ?

74 Choisissez la logique du « ET »

Cette règle s'adresse à tous ceux qui sont confrontés au stress d'une prise de décision professionnelle difficile, et pouvant parfois tourner au casse-tête...

En Occident, nous fonctionnons depuis Aristote dans une logique du « OU » : une chose et son contraire ne peuvent coexister (par ex., le noir et le blanc). Cela implique de faire un choix entre une chose OU l'autre, en fonction de certains critères à fixer. De fait, la logique du OU met de côté la possibilité d'une troisième voie, c'est donc une logique dite du « tiers exclu ».

Tournons-nous vers l'Orient ; l'un des aspects essentiels de la plupart des cultures asiatiques se trouve inscrit dans le principe du TAO (cf. ci-dessous) : Le noir représente le principe d'action Yang et le blanc le principe de réceptivité Yin, deux énergies présentes partout dans l'univers et qui ne sont pas contraires (malgré certaines apparences) mais se situent au sein d'une même synergie.

Que montre le Tao ?

Il montre avant tout l'existence d'énergies complémentaires
et fondamentalement indissociables ; le complément se trouvant
toujours à l'état latent chez l'autre (le point blanc du Yin
dans le noir du Yang, le point noir du Yang dans le blanc du Yin).

Si vous adoptez la logique du « ET », il vous est possible
d'utiliser la complémentarité et non plus la simple opposition.
C'est donc une logique dite du « tiers inclus », qui peut se résumer
par la formule $1 + 1 = 3$.

Voici un exemple

Pour des raisons de réductions budgétaires au sein de votre
service, il vous a été demandé de proposer un temps partiel
au collaborateur « le moins performant » de votre équipe. Si vous
restez dans une logique du « OU », vous allez devoir choisir parmi
différentes personnes, en vous basant sur les chiffres de leur
productivité. Mais si vous choisissez la logique du « ET », vous allez
réunir tous les membres de votre équipe, et leur exposer la baisse
de budget qui les concerne. Vous allez faire appel à la créativité
de vos collègues pour qu'ils répertorient tous les moyens
d'effectuer des économies, sans en exclure aucun – pas même
une réduction des horaires. Vous pouvez être certain
qu'une solution plus innovante, et a priori plus juste, en sortira.

Dépasser la fausse évidence de la logique du « OU » devrait
vous ouvrir des perspectives en matière de solutions, notamment
sous forme d'effet de levier. **Qu'en pensez-vous ?**

75 Développez le tête-à-tête

Cette règle s'adresse principalement aux managers d'entreprises, lorsque celles-ci dépassent la taille du millier de salariés. Les rumeurs, concernant notamment tel ou tel chef de service ou dirigeant, y sont en effet plus fréquentes.

Ces « bruits » sont, pour la plupart, de mauvaises interprétations de faits qui entraînent souvent un climat délétère au sein de la société. C'est dommageable pour tous et donc… pour vous aussi.

Il est donc primordial de :
* **ne pas se laisser gagner par l'énergie négative** que ces rumeurs véhiculent, et notamment par la peur ;
* **vérifier leur bien-fondé,** voire d'enquêter sur leur origine.

Mais cela doit se faire directement auprès de l'intéressé. Un tête-à-tête s'impose donc. Toutefois, il est indispensable de le préparer pour aborder le sujet avec tout le tact nécessaire.

* Tout d'abord, prenez rendez-vous avec ladite personne sans trop tarder : les ravages d'une rumeur, surtout si elle se révèle fausse, peuvent hélas être grands… Et évitez de préciser, surtout par mail – son contenu pourrait être repris –, l'objet exact du rendez-vous : enrobez-le avec un autre sujet, tout à fait véridique, mais banal et consensuel.
* Une fois le rendez-vous pris, tâchez de ne pas le remettre : ne procrastinez surtout pas (cf. règle n° 59).
* Prenez les renseignements nécessaires pour poser des questions pertinentes le moment venu.
* Lorsque l'heure du face-à-face approche, soyez dans un état d'esprit positif : considérez que la rumeur d'une mauvaise nouvelle

doit être envisagée de la façon la plus neutre et objective possible, mais avec toute la bienveillance nécessaire vis-à-vis de votre interlocuteur, quelle que soit la teneur de ses propos.

＊ Après avoir vite réglé le premier sujet du rendez-vous, posez des questions factuelles sur l'objet réel de votre entretien, en précisant que celui-ci demeurera totalement confidentiel : cela aidera la personne à vous répondre avec franchise.

＊ **Puis placez-vous dans une écoute attentive et souriante pour recevoir la réponse.** Demandez notamment quelle pourrait être la motivation de celui ou ceux qui ont lancé cette rumeur, mais sans jamais les évoquer nommément.

＊ **Une fois les informations recueillies et votre opinion faite,** interrogez votre interlocuteur sur le besoin éventuel d'un soutien de votre part, mais uniquement si vous avez l'intuition de son absolue sincérité. Il ne faudrait pas que vous vous fassiez manipuler.

＊ **Tirez les conclusions de ce rendez-vous** mais avant tout celles qui sont utiles pour vous et votre paix intérieure.

＊ **Si vous le jugez pertinent, et avec l'accord de l'intéressé**, lancez une contre-rumeur. Mais informez d'abord votre supérieur hiérarchique direct de votre intention : c'est plus prudent…

Allez, courage ! Qui ne risque rien n'a rien !

76 Vivez l'union et donc la force

Personne ne l'ignore : l'isolement favorise la survenue du stress. Alors méfiez-vous d'un phénomène assez fréquent en entreprise et qui a pu se développer sournoisement chez vous : l'autoexclusion.

Réfléchissez à ce comportement : la plupart du temps, il est lié à un sentiment d'indignité, voire de honte. Or ces sentiments sont souvent souterrains. Ils ne sont pas aussi vifs que la colère ou la peur et il n'est pas forcément aisé de les repérer chez soi. Mais c'est justement en cela qu'ils sont nuisibles : plus délicats à débusquer, ils sont difficiles à dépasser ou à transformer.

Histoire de vous placer «en état d'alerte» vis-à-vis de vous-même, effectuez ce petit diagnostic en deux phases.

1. Première phase

✳ En ce moment, avez-vous tendance à éviter de sortir de votre bureau ?

✳ Aujourd'hui, avez-vous fait en sorte de ne pas croiser certaines personnes ?

✳ Actuellement, vous arrangez-vous pour ne pas avoir à parler en public ?

Et si vous avez répondu par l'affirmative à l'une de ces questions (voire aux trois), depuis combien de temps pratiquez-vous cet évitement ?

2. Deuxième phase

✳ Fuyez-vous presque systématiquement le regard des autres (collègues, supérieurs…) ?

✳ Si oui, comment craignez-vous qu'ils vous jugent ?

✳ Que n'osez-vous pas être et/ou faire ?

✳ Quelle image négative croyez-vous refléter ?

Si vous vous sentez concerné par les questions de ce diagnostic et y avez répondu sincèrement, il est urgent d'agir, afin de vous débarrasser de ce qui pourrait bien être des faux-semblants.

Le seul moyen d'en avoir le cœur net, c'est de créer des liens dans l'entreprise au sein de différents services (pas forcément le vôtre) de votre société, et si possible transversalement : outre le délégué du personnel charismatique ou la gentille collègue avec qui vous aimez souvent déjeuner, il est important de répertorier à l'aide du trombinoscope de l'entreprise qui :

* partage les mêmes valeurs ;
* possède les mêmes goûts que vous dans certains domaines sportifs ou culturels ;
* a les mêmes aspirations sociales.

Dressez une petite liste de personnes, puis créez l'opportunité de les rassembler à l'occasion d'un événement informel (par ex., la galette des rois, votre anniversaire ou celui d'un(e) collègue, etc.) pour vérifier la réalité de vos éventuelles affinités.

Une fois celles-ci repérées, lancez-vous dans l'organisation d'une sortie à thème (gastronomie, cinéma, théâtre, visite de musée…)

A priori, ce genre d'initiative rencontre un certain succès.

Et le moment venu, en cas de besoin, vous aurez plus de chances de trouver des alliés parmi ces personnes. Et vous vous sentirez plus fort au quotidien car vous aurez été RECONNU.

Et ne dites pas que vous êtes timide !

77 Privilégiez la discrétion

Il est primordial, dans le cadre professionnel, de respecter l'adage : «Toute vérité n'est pas bonne à dire». Et c'est particulièrement vrai quand il s'agit d'une information susceptible de générer des tensions chez autrui… et, à terme, chez vous.

La prudence est de mise, surtout si vous avez la spontanéité d'un extraverti.

✳ **En premier lieu, sachez que votre réputation au sein de la société dépend D'ABORD de vous.** Si vous la souhaitez bonne, commencez par considérer autrui en évitant au maximum les préjugés. Tâchez de vous fonder sur des faits objectifs plutôt que de vous «faire des films» sur tel ou tel. Et vous pourrez constater à terme que la réciproque sera vraie aussi.

✳ **Traitez l'autre comme un égal sur le plan humain :** lui aussi cherche l'épanouissement dans son travail, la reconnaissance de ses pairs et de ses supérieurs, et la juste valorisation financière de ses efforts. Et à cet égard, il a droit à votre respect autant que vous au sien (cf. règle n° 38).

✳ **Enfin, quel que soit votre interlocuteur, ne vous permettez jamais une remarque sur ce que vous avez pu apprendre concernant la vie privée d'autrui.** Même si c'est la personne elle-même qui vous a informé. Évitez les appréciations du style : «avec son troisième enfant, elle va avoir besoin de RTT supplémentaires» ou bien : «comme sa femme est dans le Sud, il va tout faire pour obtenir une mutation».

Alors que préférez-vous : l'argent de la parole ou l'or du silence ?

78 Flattez certains egos

Flatter autrui peut se révéler fort utile. La paix de l'esprit est parfois à ce prix! Car c'est un moyen habile pour prévenir une forme de stress, issue d'un phénomène hélas assez fréquent en entreprise : le harcèlement moral.

Certains de vos collègues ou supérieurs hiérarchiques peuvent posséder un ego quelque peu surdimensionné et se montrer de ce fait méprisants, voire humiliants vis-à-vis de leurs «dissemblables». Si vous vous sentez concerné, évitez leurs critiques acerbes par une flatterie bien amenée, ce qui aura toutes les chances de leur clouer le bec. À condition évidemment que cela soit bien fait, car la flatterie est un art. Si, si!

Trois précautions à prendre

✳ **N'usez pas trop souvent de ce stratagème,** cela pourrait paraître suspect et se retourner à terme contre vous.

✳ **Complimentez l'autre, certes, mais sans lui mentir.** Sachez rester un minimum réaliste : il s'agit d'exploiter une qualité de l'interlocuteur, même infime, mais bien réelle. Sans quoi vous tomberiez dans ce que l'on nomme la flagornerie et cela vous serait préjudiciable.

✳ **Veillez à ce que votre remarque ne présente pas le moindre trait pouvant faire croire à une moquerie.** Il est donc important de garder tout votre sérieux pour rester convaincant et ne laisser planer aucun doute sur vos «louables intentions».

Enfin, si vous hésitez, rappelez-vous La Fontaine : « Tout flatteur vit aux dépens de celui qui l'écoute. » **Cette leçon vaut bien un essai, sans doute?**

79 Sachez sortir du cadre

Non seulement il est bon de ne pas vous identifier totalement à votre job (cf. règle n° 67), mais il est pertinent de savoir parfois sortir de votre cadre professionnel.

Mais uniquement si cela se révèle opportun pour l'amélioration de vos conditions de travail.

Dans quelques relations-clients et dans certaines circonstances (marché hautement concurrentiel, contexte interculturel, etc.), votre «valeur ajoutée» s'établira si vous vous intéressez RÉELLEMENT à votre interlocuteur. Il ne s'agit pas de le questionner sur ses préférences alimentaires ni sur son lieu de vacances favori.

Élever le niveau

Ici, il est plutôt question d'entrer avec lui dans une dimension plus profonde, un dialogue «métacommercial», à la marge du «politiquement correct».

Il faut alors tenter de connaître le degré d'implication de votre interlocuteur dans son job, ses propres valeurs ainsi que son degré d'ouverture. En «élevant le niveau» de la conversation, de façon sincère, mais surtout sans rechercher de résultat, vous créerez un climat de confiance privilégié.

Ainsi la relation ne s'établira plus de «fonction» à «fonction» mais de PERSONNE à PERSONNE.

Vous situer ainsi au-delà de votre strict rôle professionnel pourra vous procurer :

   ✳ une **meilleure «qualité de vie»** au travail ;

   ✳ une **prise de recul** sur ce qui est réellement essentiel : la rencontre d'un autre être humain unique, donc aussi précieux que vous ;

   ✳ une **vraie satisfaction**, voire une paix intérieure.

Qu'en dites-vous ?

80 Repérez les « pervers narcissiques »

Vous vous sentez stressé, presque en permanence et sans trop savoir pourquoi, par l'attitude d'un collègue ou de votre boss? Vous êtes peut-être la victime, plus ou moins consentante, d'un manipulateur, dont la structure psychique est celle d'un «pervers narcissique».

S'il s'avère que cet individu vous fait subir un harcèlement moral, il peut tomber sous le coup de la loi. Vous devez donc vous montrer très vigilant. Encore faut-il identifier avec certitude le comportement de ce type de personnalité… Voici un descriptif des caractéristiques principales du pervers narcissique, qui s'expriment fréquemment dans le cadre professionnel.

Mais avant tout, voici ce que vous devez savoir

＊ Dans la plupart des cas, le «pervers narcissique» est de sexe masculin.

＊ Il ne considère pas l'autre comme un sujet (avec des droits et des besoins) mais uniquement comme un objet qu'il utilise à ses propres fins : il n'agit que dans son intérêt et n'atteint ses objectifs qu'aux dépens d'autrui.

＊ Il est souvent inconscient de la vraie nature de ses agissements : il les dénie quand on les lui fait remarquer.

Les sept caractéristiques du pervers narcissique

Le premier signe qui peut vous alerter, c'est son mode de communication :

＊ Il n'expose jamais clairement ses demandes et ses opinions, en vue d'entretenir une ambiguïté. De plus, lorsqu'une question délicate lui est posée, il change subtilement de sujet, voire quitte le débat.

＊ Il est expert dans l'art de jouer le «chaud et le froid» : après un compliment appuyé et apparemment sincère, où il montrera une certaine proximité à votre égard, il pourra vous faire le lendemain un reproche cinglant, exprimé avec une grande froideur émotionnelle.

∗ Il pourra répondre favorablement à vos requêtes, mais s'esquivera par la suite en évoquant le plus calmement du monde un prétexte imparable.

∗ Il a tendance à émettre des critiques de façon discrète mais intense, sous couvert d'humour ou par le biais d'insinuations, dans le but de dévaloriser. Il sait aussi procéder à « un travail de sape » auprès de l'entourage de sa victime : il pourra ainsi démentir ensuite des propos critiques qu'il n'aura pas tenus de front.

∗ Il cultive habilement la suspicion pour briser la cohésion d'une équipe : il aime diviser pour régner.

∗ Bien qu'il ne tienne aucun compte d'autrui, il fera croire le contraire car il est obsédé par sa bonne image sociale et ne supporte pas d'être pris en défaut ni critiqué.

∗ Ainsi, par son ambivalence incessante, il fait souvent perdre ses repères à sa victime qui ne sait plus où elle en est, ni sur quel pied danser. Si celle-ci est fragile, elle peut vite tomber dans le doute de soi.

Alors ouvrez l'œil et le bon !

MON CONSEIL Si vous soupçonnez quelqu'un de harcèlement moral, vous devez impérativement :
– rassembler le maximum de preuves objectives (échanges de mails, enregistrements de réunions, etc.) en vue d'une procédure ;
– ne surtout pas vous battre seul : trouvez un allié fiable et compétent.

81 Imaginez le pire... pour vivre le meilleur

Oui, il est ici question de prendre le temps d'imaginer VRAIMENT votre départ. Sans jouer les victimes outragées, essayez d'envisager honnêtement cette perspective de changement.

En effet, il se peut qu'au fil des années :
* votre travail soit devenu routinier ;
* l'esprit d'équipe avec vos collègues ait disparu ;
* vous soyez las de ne pas recevoir assez de reconnaissance ;
* vous ne vous reconnaissiez plus dans la culture de l'entreprise ;
* le style de management de votre supérieur hiérarchique ne vous corresponde plus ;
* votre collaboration au sein de l'entreprise ait quelque peu perdu de son sens ;
* vos objectifs soient devenus trop difficiles à atteindre ;
* vous soyez fatigué de toujours devoir vous adapter à des restructurations ;
* les modes de production comportent de plus en plus de contraintes, etc.

Du positif dans le négatif

À présent, cherchez l'opportunité positive qui pourrait se cacher derrière votre départ en termes :
* **d'abandon d'éléments négatifs spécifiques**, constitutifs du poste que vous venez de quitter (utilisez la liste ci-dessus, détaillez-la et complétez-la) ;
* **de sources créatives pour la recherche d'un autre job** (formation dans un nouveau secteur d'activité porteur, création d'une autoentreprise, d'une association ou d'un partenariat, etc.)

Envisager le pire peut être parfois utile, semble-t-il ?

82 Cherchez partout l'opportunité

Le contexte professionnel vous offre des occasions d'être une «force de proposition» (cf. règle n° 63); d'exercer votre intelligence de situation (cf. règle n° 73); mais aussi de suivre votre intuition.

Développez votre intuition

❋ Tout d'abord, il vous faut la considérer comme un muscle à entraîner, par exemple grâce à la méditation : comme dans tout sport, votre patience sera mise à contribution.

❋ Ensuite, admettez que votre mental peut se révéler parfois étroit d'esprit : tout lien de cause à effet ne recèle pas toujours une logique !

❋ Enfin, votre intuition ne pourra se manifester efficacement en vous que si vous êtes suffisamment détendu (cf. règle n° 25).

Devenez «opportuniste»

❋ **Soyez attentif aux manifestations corporelles soudaines.** Exemple : en fin de réunion, quand vous interrogez votre patron sur le montant exact alloué à un certain projet, il se montre légèrement hésitant avant d'annoncer un montant. En sortant de la salle, vous souffrez d'un mal de tête inhabituel. Vous réalisez que cette migraine a commencé à l'instant même où vous avez pris connaissance du chiffre en question. Vous décidez alors de procéder à une vérification… et découvrez que seulement 50 % de la somme ont vraiment été attribués au projet.

❋ **Prenez en compte ce qu'on nomme les synchronicités,** toutes les «coïncidences signifiantes» (selon la définition de C. G. Jung). Exemple : un matin, vous feuilletez un journal titrant sur les fusions acquisitions. Plus tard dans la journée, un client vous annonce ses difficultés : cette année, votre contrat de prestataire sera revu à la baisse. Renseignement pris, une OPA vient juste d'être lancée sur l'entreprise de votre client.

Alors, vous voilà prêt à «faire feu de tout bois»?

Travail sur soi

83 Apprenez à dédramatiser

Et si vous preniez la décision de revoir l'intensité de l'événement à la baisse ? Voici quatre directions à envisager :

La version pragmatique

✳ **Il existe une solution à votre problème :** avec de la patience et un peu d'intuition, vous finirez bien par la trouver et la mettre en œuvre. Vous pouvez donc vous réjouir !

✳ **Il n'en existe pas :** c'est peut-être dommage mais il vous faut juste du temps pour l'accepter. Une fois l'acceptation intégrée, vous pourrez aussi vous réjouir !

La version asiatique

Ce que vous vivez comme un obstacle ou une calamité aujourd'hui vous sauvera peut-être la mise/vie demain. En effet, une perspective à plus long terme permet souvent de relativiser le problème. Cherchez dans votre vécu une situation délicate qui s'est retournée en votre faveur. Vous avez trouvé ? Alors ne tirez pas de conclusion trop hâtive !

La version métaphysique

Si vous deviez mourir sous trente-six heures, comment vous apparaîtrait l'épreuve que vous traversez en ce moment ? Envisager notre finitude remet souvent «les pendules à l'heure» et change la donne. Votre montagne à escalader est devenue une colline à gravir ? Vous voilà sur le bon chemin !

La version de ma grand-mère

«Ce qui ne tue pas rend plus fort». Et si vous vous découvriez une qualité supplémentaire en affrontant cet obstacle ? Vous pourriez bien en ressortir grandi à vos yeux et à ceux d'autrui. C'est un risque à courir, non ?

Quel est donc votre choix ? (Le cumul est autorisé.)

84 Pratiquez le contentement

Lâcher prise consiste aussi à oublier ses «râleries» habituelles – oui, je sais, c'est bon de se sentir victime et à voir le verre un tantinet plein. Bref, de se satisfaire vraiment de ce que l'on a, ici et maintenant.

Soyez dans une pleine conscience

* Vous êtes plutôt en bonne santé.
* Vous vivez dans un pays relativement paisible.
* Vous y jouissez d'une liberté enviable.
* Vous pouvez en partir et y revenir à votre guise.
* Vous avez de quoi vous nourrir correctement.
* Vous profitez d'une certaine abondance matérielle.
* Vous avez au moins une raison, même infime, de vous réjouir aujourd'hui.
* Vous avez *a priori* un proche susceptible de vous écouter, voire de vous comprendre… Quand vous aurez de VRAIS motifs de vous plaindre.

Et qu'en est-il des deux lobes de votre cerveau, qui communiquent si vite et si précisément en permanence ?

EXERCICE **Sentez-vous vraiment vivant !**

Prenez le temps de vous poser cinq minutes.

– Imaginez toutes vos cellules, qui pétillent au fond de vous et se renouvellent chaque jour.

– Pensez à votre cœur, cette pompe sophistiquée, qui bat fidèlement dans votre poitrine.

– Représentez-vous l'énorme travail de vos viscères digestifs, qui broient et trient les aliments ingérés.

– Visualisez votre appareil urogénital, qui d'un côté filtre habilement les déchets et de l'autre vous donne plaisir et descendance.

---

85 Cherchez des alliés autour de vous

Partager votre fardeau : voilà une autre façon de déstresser – du moins en partie ! S'entourer dans les moments difficiles s'avère fort utile.

✳ **D'abord, vous vous sentirez moins seul** – Monsieur de La Palice l'a dit !

✳ **Ensuite, recevoir une autre perception de la situation permet de prendre du recul.**
Et vous risquez moins d'être obnubilé par un type de solution. Avant de se mettre en quête d'alliés, il est primordial de vous centrer sur deux choses :

1. Identifier les « bonnes personnes ».

2. Savoir motiver vos « troupes ».

À faire

✳ Fuyez comme la peste les « Y'a qu'à, faut qu'on » : ils font rarement ce qu'ils proposent.

✳ Recherchez plutôt des personnalités modestes et pragmatiques, qui vous connaissent bien – et réciproquement.

✳ Consultez des individus assez disponibles – évitez les mères de famille nombreuse ou les cadres supérieurs.

✳ Tournez-vous vers des êtres n'ayant aucun intérêt personnel à vous voir réussir ou échouer et mus par un minimum d'altruisme sincère.

✳ Ne vous posez surtout pas en victime – cela agace le plus souvent.

✳ Dédramatisez la situation (cf. règle n° 39) – une pointe d'autodérision est un must !

✳ Soyez synthétique dans votre expression – les autres n'ont pas que ça à faire !

* Remerciez par avance du temps qu'on veut bien vous consacrer
– ça ne mange pas de pain et peut rapporter gros !

* Demandez un avis sur une solution que vous envisagez.

* Enfin, si vous souhaitez de l'aide pour une tâche spécifique, décrivez-la précisément.

Et si avec tout ça, vous ne trouvez personne, appelez votre ange gardien : qui sait ?

86 Offrez-vous de la patience

Votre degré de patience est lié à votre conception du temps, au rapport que vous entretenez avec lui.

Si vous considérez le temps comme quelque chose de rare (cf. une espèce en voie de disparition !) et qui vous échappe en permanence, il est clair que la patience n'est pas votre truc. C'est ainsi et il n'y a pas à le déplorer : vous avez d'autres qualités, voilà tout !

Mais si vous envisagez le temps à géométrie variable, et plus ou moins abondant en fonction de votre météo intérieure, **alors vous avez la possibilité de vous offrir de la patience.**

Mode d'emploi

Imaginez une étendue dans une partie de votre corps (tête, ventre, jambes, etc.).

Visualisez-la très lisse comme la surface calme d'un lac.

Puis visualisez dessus des bateaux glissant tranquillement et à leur rythme, et accostant sur les rives au moment opportun.

Tout s'effectue de façon fluide et inexorable.

Ces bateaux représentent les enjeux actuels de votre vie.

Et il vous est VRAIMENT possible de leur donner toute la place dont ils ont besoin pour arriver au port.

Et vous vous apercevrez aussi que votre lac n'est jamais encombré !

Se donner de l'espace intérieur

Personne d'autre que vous-même ne peut vous donner cet espace intérieur. Cela relève de votre libre choix, de votre responsabilité.

En accordant TOUT l'espace nécessaire à chaque enjeu, sans le restreindre, vous vous comportez comme un parent bienveillant vis-à-vis de vous-même : **vous vous apportez à la fois douceur et plénitude.**

Et surtout, à terme, vous élargissez votre horizon !

87 Puisez la joie en vous

Vivre la joie ne dépend pas forcément de la survenue d'un événement heureux. Bien sûr, cela peut aider, mais il s'agit avant tout d'une démarche intérieure

Oui, il est possible de DÉCIDER d'aller chercher la joie en soi, comme de l'eau au fond d'un puits. Il faut donc un seau pour la recueillir et une corde pour tirer celui-ci. Le seau, c'est votre faculté d'émerveillement. La corde, c'est votre assurance de le faire remonter, coûte que coûte, à la surface.

1. La corde de l'assurance

Tout d'abord, plus vous croirez que cette joie dépend de vous, plus elle se manifestera : c'est uniquement ainsi que vous la tirerez de votre puits intérieur !

Toutefois, cela implique d'abord de laisser de côté un certain nombre de :

* récriminations et autres plaintes auxquelles vous vous êtes attaché sans parfois même vous en apercevoir ;
* partis pris sans véritable fondement comme « le bonheur, ça n'arrive qu'aux autres ou au paradis ».

2. Le seau de l'émerveillement

Ensuite, cela implique de saisir tout ce qui se présente sur le moment. Quelques exemples sans doute à votre portée :

* la présence du soleil ;
* le bruit doux de la pluie ;
* le vent dans un bel arbre ;
* le roucoulement d'un pigeon ;
* la beauté architecturale d'une rue ;
* le sourire d'un petit enfant ;
* la jolie tenue de votre voisine ;
* les doux yeux de votre amour ; etc.

De toute façon, personne ne vous demande d'être d'un optimisme béat !

88 Comprenez que rien ne dure

Comme tout être humain, vous aimeriez bien que le désagréable ne survienne jamais (par ex. votre contravention) et que le bonheur dure éternellement (par ex. votre escapade amoureuse à Venise avec votre chéri(e)).

Or rappelez-vous le principe du Tao de la règle n° 74 : l'existence universelle de deux énergies complémentaires enchevêtrées. Donc selon le taoïsme, il n'existe pas de « bonheur » sans « malheur » et réciproquement. Le « malheur » peut ainsi être envisagé sous un autre angle, moins dramatique : la composante d'un tandem.

Un autre aspect de ce principe oriental est important à souligner : **sa représentation est dynamique**. On parle d'ailleurs communément de « roue du Tao » : depuis l'origine du monde, celle-ci tourne sans jamais s'arrêter. Le noir/Yang cède peu à peu et inexorablement la place au blanc/Yin puis celui-ci cède peu à peu et invariablement la place au noir/Yang, etc. Elle montre ainsi que tout phénomène ne peut être fixe ni absolument définitif.

Si donc rien ne dure, voici ce que vous pouvez en conclure, pour sortir de la morosité : votre stress lié au souci présent ne manquera pas de disparaître le temps venu, rien ne vous empêche de vous en réjouir à l'avance, cela vous aidera à patienter !

Le bonheur que vous connaissez actuellement va lui aussi s'estomper un jour : rien ne vous empêche de vous en réjouir tout de suite et surtout encore plus pleinement (en suivant par ex. les règles d'or du chapitre « Carpe diem ») !

Intéressant, non ?

89 Devenez vraiment optimiste

Comme vous devez le savoir, on ne naît pas forcément optimiste mais il est possible de le devenir!

En effet, l'optimisme n'est pas tellement inné et serait plutôt de l'ordre de l'acquis. Mais il ne suffit pas de se répéter sur un ton positif, tel un automate devant sa glace : «Les choses vont bien finir par s'arranger». Le véritable optimisme correspond à une discipline intérieure qui va s'ancrer progressivement en vous, à partir de faits objectifs et non de fantasmes.

1. Tout d'abord, **il est essentiel de lâcher prise au maximum** quant au résultat que vous visez, quel qu'il soit. Cela peut paraître paradoxal. Toutefois, si vous vous focalisez trop sur votre but, vous allez obligatoirement rentrer dans un comportement de crispation, stressant à court ou à moyen terme. Vous manquerez alors de tranquillité d'esprit pour examiner les opportunités qui se présenteront à vous et qui pourront prendre des formes très variées. Vous resterez obnubilé par une seule voie de réussite, en croyant sa probabilité de réalisation plus élevée, alors que d'autres sont tout aussi accessibles, voire plus.

2. Ensuite, **détournez-vous du pessimisme** alimenté par vos diverses peurs. Cela vous permettra de laisser de côté la «fausse urgence», celle qui vous fait ressembler à un hamster en cage sur sa roue et qui, bien sûr, ne vous mènera nulle part. Méfiez-vous comme la peste de cette sorte d'hyperactivité qui vous prend soudain : elle se révèle le plus souvent mensongère et génératrice d'anxiété.

D'ailleurs, vous remarquerez que les vrais optimistes ont en général un rythme moins effréné que les pessimistes et s'agacent moins des contrariétés du quotidien. Ces personnes ont « plus de souffle pour tenir sur la distance » parce qu'elles respirent effectivement mieux !

3. Enfin, vous allez pouvoir commencer à **comptabiliser peu à peu les « pépites de la journée »** (cf. règle n° 84). Certes, elles vous paraîtront parfois bien modestes, mais l'important est de les REPÉRER. Cela voudra dire que vous avez activé votre vigilance positive. Vous pourrez donc asseoir votre confiance sur des faits établis au fil des jours. Ainsi, plus vous développerez le nombre de ces « pépites », tout à fait concrètes, plus vous serez prêt à aller encore de l'avant, vous sentant riche d'un vécu réconfortant.

Et je ne vous demande pas de me croire, mais d'expérimenter !

90 Pratiquez les arts chinois du bien-être

Le do-in et le tai-chi-chuan sont deux disciplines complémentaires à découvrir si vous recherchez une détente psychocorporelle « approfondie » et durable. Toutefois, sachez qu'au début, la régularité de la pratique (plurihebdomadaire) est de mise.

Le Do In
C'est une technique d'automassage de la médecine traditionnelle chinoise. Il s'agit d'une digitopuncture, qui stimule les points des méridiens principaux. Elle assez simple à utiliser en solo.

Il y a d'abord une stimulation du visage puis la descente est progressive vers le bas du corps, insiste sur les mains et poignets, les jambes et les pieds.

Le Do In implique une qualité de la respiration durant les mouvements.

Une bonne pratique s'effectue plutôt le matin pour dynamiser et le soir pour faciliter le sommeil.

Ses effets se feront sentir rapidement après la séance.

Le « Taiji Quan »

C'est un art martial chinois né au XIIIe siècle. Nommé « boxe de l'éternelle jeunesse », il est d'inspiration taoïste.

Il en existe plusieurs formes, dont le « style Yang », très simplifié, est enseigné en Occident.

Il s'agit d'une pratique lente et relâchée, qui ressemble plus à une gymnastique.

Les mouvements à effectuer sont précis et amples. Ils sont relativement faciles à mémoriser car ils représentent des formes symboliques (un ballon, une grue, etc.).

Les enchaînements sont naturels, fluides et équilibrés : ils permettent ainsi d'améliorer grandement concentration et coordination des gestes.

En fin de séance, **vous ressentirez un profond apaisement intérieur.**

Pas mal en temps de crise, non ?

MON AVIS Cette hygiène de vie orientale vous sera aussi une source de douceur et de joie.

91 Soyez vrai le plus souvent possible

L'authenticité simplifie grandement les relations avec autrui. Vous avez remarqué? Partager ressentis et opinions vous rendra encore plus estimable. Car conserver en permanence le masque du rôle social – de votre fonction, par exemple, est étouffant.

Or l'asphyxie finit toujours par se remarquer. Et passer pour un «faux-cul» est offensant, non? En outre, l'authenticité fait souvent gagner un temps précieux et procure une saine énergie!

Comment opérer?

Être spontané, c'est bien. Mais être prudent avec intelligence, c'est mieux : Sachez choisir le bon moment à la fois pour vous et votre interlocuteur : évitez les fins de journée ou de réunion, les repas (surtout de famille), les veilles de fêtes ou de congés, les anniversaires et autres célébrations, etc.

En préambule, exposez brièvement l'objectif de votre intervention. Soyez aussi direct que possible.

Exprimez-vous précisément, en tenant compte de la situation présente. L'écrit est parfois plus approprié : il laisse une trace exacte de vos propos qui ne peuvent être déformés ou falsifiés.

L'appréhension d'être vrai est en général le signe d'une nécessité intérieure : alors jetez-vous à l'eau (avec les bouées ci-dessus)!

S'il s'agit d'une critique, faites d'abord un compliment sincère puis énoncez votre remarque en suggérant une «voie d'amélioration» à votre interlocuteur. On ne pourra pas vous reprocher votre manque d'équité.

En cas d'erreur de votre part, adoptez un profil bas – mais sans exagération – en commençant par des excuses. Puis soyez tout de suite constructif en proposant une solution compensatoire.

Et n'oubliez pas : votre vérité est unique. Alors partagez-la!

92 Évacuez votre stress par l'humour

L'humour est une grande qualité. Que tout le monde ne possède pas d'emblée... Or observer la manifestation de son propre stress est DÉJÀ une forme d'humour. Car cela contribue à mettre celui-ci à distance. À condition toutefois que les tensions intérieures ne soient pas trop fortes...

Comment procéder ?

Prévoyez au moins un quart d'heure de solitude, «dédoublez-vous» et regardez précisément l'expression corporelle de votre stress :

* L'intensité de votre regard.
* La maladresse de votre gestuelle.
* L'aspect elliptique ou cassant de votre expression verbale.
* La rigidité de votre posture, etc.

Découvrez le clown en vous

Tout ce qu'il y a de risible, voire d'un peu grotesque dans vos attitudes ou vos comportements, peut *a priori* se révéler clownesque.

* Faites-lui s'il vous plaît un clin d'œil plein de bienveillance.
À présent, passez au côté «fun».
* **Placez-vous devant un grand miroir** et forcez les traits de votre expression corporelle stressée : accentuez le regard, amplifiez les gestes, au besoin utilisez un accessoire (par ex. parapluie, cigarette, portable).
* **Si vous riez de vous,** c'est bon signe : continuez !
* Imaginez que vous portez un nez rouge et faites des mines.
Ensuite, inventez une situation burlesque et jouez-la.
* **Prenez du plaisir,** comme le ferait un enfant de cinq ans.
* Laissez-vous emporter par votre élan – le ridicule ne tue pas !
* **Enfin, décompressez** et saluez-vous dans la glace en souriant !
Votre stress n'était donc QU'UNE PARTIE DE VOUS : joli scoop, non ?

93 Méditez

De nos jours, le lâcher-prise est souvent associé à la méditation. En effet, grâce à cette technique, vous pourrez trouver calme intérieur et lucidité, en prenant de la distance avec les pensées quasi permanentes qui traversent votre esprit.

C'est un entraînement régulier à la pleine conscience. **Il consiste en une concentration active, la moins mentalisée possible, sur l'instant présent.**

Oui, mais comment concrétiser l'instant présent :
* par un objet ;
* par un maintien corporel ;
* par la respiration.

Objet, posture, respiration
1. L'objet le plus adapté est souvent la flamme d'une bougie, car vous pourrez la fixer sans fatigue.
2. La méditation traditionnelle propose une posture assise au sol comportant 7 points. Mais vous pouvez aussi méditer sur une chaise, à certaines conditions :
* votre dos devra rester bien droit ;
* vos épaules seront relâchées ;
* vos mains reposeront sur vos cuisses ;

> MON CONSEIL Au début, vous ferez beaucoup de va-et-vient entre la concentration sur l'instant présent et la distraction mentale. Au lieu de vous en agacer, réjouissez-vous plutôt à chaque fois de votre prise de conscience d'une pensée perturbatrice.

* vos pieds resteront à plat sur le sol ;
* votre regard sera dirigé vers l'objet.

3. Une respiration lente vous aidera à maintenir votre posture immobile lors des sessions, surtout si elles sont longues (30 minutes et plus). Comptez des cycles de 10 inspirs/expirs successifs.

Le PLUS IMPORTANT est de ne suivre aucune pensée, quelle que soit sa nature. Regardez-la passer comme un nuage dans le ciel.

Vous n'avez rien à faire. Laissez-vous juste ÊTRE.

Reposant, non ?

94 Ne cherchez plus la perfection mais optimalisez

«Le mieux est l'ennemi du bien», vous connaissez ?
Et si vous arrêtiez de vouloir être parfait – en particulier si vous êtes trentenaire, jolie, cadre en entreprise et mère de charmants bambins. La course à la perfection est source de culpabilité permanente, de stress mais surtout elle est PERDUE d'AVANCE !

D'où vient le mal ?

Les perfectionnistes confondent «faire de son mieux» avec «faire toujours plus et mieux». Propulsés par une image idéalisée d'eux-mêmes, ils sont terrorisés par la peur de l'échec : ils en oublient alors leurs limites corporelles et psychiques.

En revanche, optimaliser c'est :

* **Agir sans vouloir TOUT contrôler,** savoir «naviguer à vue» en bonne intelligence, sans programme trop prédéterminé en tête.

* **Regarder la situation telle qu'elle est** et non telle qu'elle devrait être.
* **Être indulgent avec vos petites faiblesses** qui d'ailleurs vous donnent du charme !
* **Avoir foi en la compréhension d'autrui** – elle existe souvent !
* **Reconnaître la qualité de vos savoir-faire** et savoir-être actuels sans se lancer tête baissée dans leur amélioration future, donc hypothétique.
* **En cas d' « échec »,** commencer par en analyser la teneur réelle puis en tirer tranquillement des leçons, sans se flageller.
* **En cas de « succès »,** savourer vraiment l'événement, sans le minimiser ni le comparer à celui d'autrui. Et il n'est pas interdit de le fêter.

> MON CONSEIL Chers perfectionnistes, sachez qu'on VOUS AIME – si, si, regardez autour de vous, même si vous ne vous sentez « pas à la hauteur » !

95 Soyez créatif

Éviter le stress peut également consister à «faire du neuf avec du vieux». Cela implique d'abandonner ce qui ne fonctionne plus, tout en conservant ce qui reste satisfaisant pour élaborer un nouveau départ!

Car à moins d'être un génie – sauf votre respect – on crée rarement ex nihilo. Voici une démarche «cousue main» en sept étapes, que vous entreprendrez à tête reposée :

1. Répertoriez ce qui ne vous convient PLUS DU TOUT dans la situation présente.

2. Demandez-vous sincèrement pourquoi : vous verrez que souvent, vous laissez perdurer des attitudes et/ou des comportements par habitude ou conformisme social, mais sans véritable raison intrinsèque ni motivation.

3. Ne culpabilisez pas rétrospectivement : cela ne sert strictement à rien, si ce n'est à vous ôter une énergie bien précieuse pour la suite.

4. Effectuez ainsi un tri réaliste en vue d'éliminer ce qui n'a plus lieu d'être dans votre vie. Procédez soit sur-le-champ, soit progressivement.

5. Évitez toutefois de «jeter le bébé avec l'eau du bain» : interrogez-vous sur ce qui a cependant été utile hier et pourrait l'être encore aujourd'hui, sans tomber dans un «au cas où», sujet à caution…

6. Partez de là pour repenser tous vos besoins actuels : vous les verrez d'un œil neuf, débarrassé des *a priori* et des faux-semblants,

7. Enfin, configurez peu à peu une nouvelle donne concrète – donc avec si possible emploi du temps et échéances précis – à partir de vos VRAIS désirs et aspirations.

Si vous sentez monter une soudaine énergie en vous, c'est gagné!

96 Apprenez à jouer d'un instrument

La musique adoucit les mœurs, dit-on. Et si cette douceur émanait de vous : pas mal, hein ? Certains objecteront que la maîtrise d'un instrument est fastidieuse. Eh bien, chantez maintenant ! (cf. règle n° 16)

Toutefois, le choix d'un instrument ne saurait être qu'un coup de cœur lié à sa sonorité ou aux morceaux mythiques de son répertoire. Il est impératif de se renseigner auprès d'un professionnel quant à la durée moyenne de l'apprentissage.

La motivation

Le plus important sera votre réelle motivation à créer de l'harmonie. Or celle-ci a beaucoup à voir avec votre faculté de couper le son intérieur pour fabriquer le son extérieur. La ritournelle du « T'es nul (le) » ou du « Je ferais mieux de… » n'a qu'à bien se tenir, vous lui clouerez vite le bec !

En effet, quelle que soit votre dextérité manuelle, la pratique d'un instrument exigera de vous une concentration permanente, où le mental aura peu de place. Vous devrez vous appliquer UNIQUEMENT à coordonner vos sensations (ouïe, toucher, vue) avec chacun de vos mouvements. Et c'est en cela qu'elle vous fera non seulement lâcher prise rapidement mais aussi régulièrement (au début, un exercice quotidien sera nécessaire).

À terme, que du bien-être

Vous constaterez que la pratique de votre instrument sera indispensable à votre équilibre (voire à votre santé !). Le calme se sera installé, même en dehors de vos heures de pratique. Vous pourrez également vous défouler en improvisant des airs selon votre humeur.

Et une joie, presque enfantine, vous envahira parfois : accueillez-la AVEC tambour ET trompette !

97 Écoutez vos vœux profonds

Nous avons tous des rêves au fond de nous,
et c'est tant mieux! Mais chez certains, ils sont tellement
enfouis qu'ils créent en eux un stress insidieux :
celui lié à une absence de SENS.

En règle n° 50, je vous ai suggéré de faire la liste de ce qui pourrait vous permettre de donner vraiment du sel à votre existence. Si deux mois se sont écoulés, il est temps de rouvrir l'enveloppe que vous avez cachetée.

Que constatez-vous ?

Vous êtes-vous lancé sur la voie de concrétiser vos véritables aspirations ? Si vous êtes sur le chemin de la mise en place d'actions concrètes, permettez-moi de vous féliciter ! Ou avez-vous jeté purement et simplement vos projets aux oubliettes ?
Si vous êtes dans ce cas, je vous invite à vous interroger sérieusement sur les raisons de votre manque de confiance :

    ✳ Traversez-vous actuellement un « passage à vide » ?

    ✳ Ressentez-vous une peur face à l'avenir ?

    ✳ Manquez-vous d'estime de vous-même ?

Voilà de quoi remédier à ces freins intérieurs

1. Il se peut que vous ayez une baisse de vitalité passagère : je vous conseille donc d'effectuer un bilan de santé (cf. règle n° 46).

2. Vous êtes a priori sujet à une anxiété d'anticipation, peut-être liée à une épreuve récente : je vous conseille une cure matinale d'un mois Gelsemium en 30CH ou la prise de Fleurs de Bach (cf. règle n° 9).

3. Ne culpabilisez pas ! Mais reportez-vous plutôt à la règle n° 41.

Mais surtout, restez souvent à l'écoute de votre VOCATION d'ÊTRE : elle constitue un moteur ultra-puissant !

98 Allez à l'essentiel !

Dans la règle précédente, vous êtes allé au cœur de ce qui vous importe vraiment : vos aspirations les plus chères.

À présent, nous allons examiner le cœur de l'essentiel : **trois valeurs fondamentales qui aident à vivre le quotidien, ou au pire, à le supporter.**

Trois valeurs humaines essentielles

1. La sérénité : la paix intérieure est à la fois plus facile à atteindre que le bonheur – souvent passager et illusoire – et plus précieuse : en effet, c'est grâce à elle que vous pourrez opérer des choix judicieux et traverser l'adversité avec discernement et patience. C'est donc elle qu'il convient de développer en premier lieu : vous verrez qu'elle vous aidera à vivre les deux valeurs suivantes.

2. La générosité : le don, quel qu'il soit, valorise celui qui l'effectue. Surtout s'il est sans attente de retour ! Se sentir utile à l'autre, partager ce que l'on possède, même si c'est peu, sortir de ses petites habitudes pour s'exposer davantage au monde, est une source de satisfaction (et souvent de joie) inépuisable. Sachez qu'elle renforce aussi grandement l'estime de soi.

3. L'amour : oui, ce terme est ô combien galvaudé, mais bon… si vous préférez le terme de courage, pas de souci ! Il n'est certes pas facile de ressentir cette bienveillance et cette ouverture inconditionnelle vis-à-vis d'autrui en dépit, notamment, de ses défauts. Ceci dit, tout dépend si vous voulez pratiquer l'amour universel (*agapè*) ou l'amour fusionnel (*éros*), les deux pouvant se conjuguer, bien sûr. Comme ils empruntent des formes très variées, ils exigent une force créative permanente et une certaine persévérance… pour contourner ce qui pourrait les altérer.

Chaque personne a sa propre façon de cultiver ces trois qualités. Voici quelques questions pour vous aider à trouver votre voie, en vous appuyant sur un trésor toujours à portée de main : le fruit de votre expérience.

     ✳ Rappelez-vous des moments marquants de grande sérénité, de vraie générosité, d'amour intense : comment vous sentiez-vous dans votre esprit ? Dans votre corps ? Et dans votre cœur ?

     ✳ Si le souvenir est toujours bien vif, quelle en a été la cause (extérieure et/ou intérieure) ?

     ✳ Vous est-il possible de recréer cette cause/opportunité aujourd'hui ?

     ✳ Sinon, comment vous serait-il possible maintenant de susciter chacune de ces qualités, de façon concrète ?

Trouvez au moins deux résolutions/situations à mettre en place pour ces trois qualités.

A priori, vous voilà empli d'une belle énergie, non ?

99 Accueillez au mieux tout ce qui vient

L'accueil est une attitude mentale consistant seulement à prendre en compte ce qui arrive. Elle n'implique pas automatiquement une acceptation. Il est juste question d'inclure un nouvel événement dans votre quotidien, même et surtout s'il n'était pas prévu. Sans plus.

Imaginons que vous décidiez de jouer à l'autruche : vous refusez d'emblée d'intégrer un fait nouveau dans votre champ de vision habituel. Très souvent, vous constaterez que votre refus n'est pas lié à la nature de ce qui survient mais à votre peur de l'inconnu.

Or se sentir manipulé par une émotion est assez pénible, non ?

Supposons maintenant que vous lâchiez cet a priori pour prendre le temps de regarder ce qui arrive : « Tiens, je n'avais pas prévu ce problème, mais il est bien là. »

Vous pouvez vous poser les questions suivantes

1. Ce problème doit-il absolument être résolu, et par moi ?
2. Si la réponse est doublement oui :
   * Que fait surgir ce problème de désagréable en moi ?
   * Que puis-je faire pour surmonter ce désagrément ?
   * Qu'est-ce que sa résolution pourra m'apporter de positif ?
   * Parmi mes qualités, quelle est celle que je peux utiliser pour le résoudre ?
   * En cas de non-résolution, que pourrait-il m'arriver de pire ?
   * Puis-je envisager ce « problème » comme une opportunité ?

À SAVOIR Vous verrez que ces quelques instants d'accueil peuvent grandement changer votre perception de la situation. Ils vous apporteront le minimum de calme nécessaire pour aborder la suite.

100 Laissez-vous surprendre par l'Univers

Il y a les choses que vous pouvez raisonnablement prévoir. Et puis, il y a les autres, sur lesquelles vous n'avez vraiment aucune prise...

À mon avis, il serait pertinent de garder ceci à l'esprit : comme tout être humain moyen – bref, non qualifié de «génial» – vous n'utilisez en général qu'une portion congrue de votre cerveau (environ 10 %).

Et pour cette raison, vous n'êtes guère habitué à envisager tout ce qui est possible à un moment et en un lieu donné.

L'Univers a une logique

Or, ce que l'on nomme, dans différentes optiques philosophiques ou religieuses, la «logique de l'Univers» (selon vos convictions, vous pouvez aussi la nommer Dieu, le hasard ou la Providence), est infiniment plus vaste que celle de votre sphère d'*Homo* même *sapiens*, car il est impossible d'en connaître l'étendue et l'énergie.

Il est donc important, pour rester zen dans certaines circonstances, de s'en remettre à l'Univers et de rester humble face à l'immensité de son offre.

Aussi, lorsque l'«imprévu» s'est manifesté sous la forme d'un événement «négatif», il est essentiel de se donner le temps de la réflexion afin de le voir sous un autre jour...

En outre, vous connaissez certainement cet adage : au sein de l'Univers, «rien ne se perd, rien ne se crée, tout se transforme». Il en est donc de même dans le monde humain. C'est un vaste puzzle : il suffit de modifier la place d'une pièce pour qu'une autre se voie, elle aussi, contrainte de bouger.

Le sens des échecs

Lorsque vous avez dû, par exemple, renoncer à quelque chose
– nous appelons souvent cela un échec – dans le même temps,
une autre énergie s'est libérée ailleurs, favorable celle-là.

Seulement voilà : cette énergie, vous ne savez pas quelle forme
elle va prendre, ni à quel moment elle va se manifester. Bien sûr,
vous pouvez toujours aller voir un médium, et s'il est vraiment
clairvoyant – ce qui est très rare – il pourra peut-être vous aider
à calmer votre impatience…

MES DEUX CONSEILS

1. Soyez attentif aux messages que l'Univers vous envoie,
même si parfois ils vous semblent incongrus.

**2. Renoncez à l'interprétation, forcément incomplète, et à
la connotation, souvent automatique, que vous donnez aux
événements.**

Et afin de vous aider dans ce lâcher-prise et de vous libérer du
stress inutile, je vous propose de méditer la célèbre incantation
du philosophe stoïcien Marc Aurèle :

« Que la force me soit donnée de supporter ce qui ne peut être
changé et le courage de changer ce qui peut l'être, mais aussi
la sagesse de distinguer l'un de l'autre. »

101 Équilibrez le « faire » et « l'être »

L'absence totale de stress n'existe pas ici-bas, pas plus d'ailleurs que le risque zéro ! Toutefois, au fil de ces pages, il a été question de prévenir et de traiter au mieux ce phénomène sous ses différentes facettes : cent idées vous ont été proposées, à utiliser selon votre loisir ou votre envie.

Que faut-il en retenir ?

Votre bien-être dépend principalement d'un dosage judicieux entre SAVOIR-ÊTRE et SAVOIR-FAIRE au quotidien. Tout miser sur l'un ou l'autre constituerait un excès, une imprudence, a priori préjudiciable. D'ailleurs, pourquoi devoir choisir l'un ou l'autre ? Ne serait-ce pas impossible, voire inhumain ? Or dans nos sociétés hypermodernes, donc hyperactives et hyperconnectées, où beaucoup vouent un culte à la notion de «performance», le «FAIRE» prend le pas sur «l'ÊTRE», trop souvent à son détriment.

Lutter contre l'absence de sens

Voilà pourquoi s'instaure dans notre esprit, subrepticement, une absence de SENS et, à terme, une forme d'épuisement mental et physique, douloureux iceberg dont le stress chronique est la partie émergée.

Je vous propose donc de **régler avec discernement votre curseur**. Fabriquez une lampe rouge intérieure qui vous alertera fidèlement au moment opportun. En voici les ingrédients essentiels :

* deux bonnes livres de ressenti ;
* cinq cents grammes de bon sens ;
* trois grosses cuillerées d'intelligence émotionnelle ;
* quatre pincées d'intuition ;
* un zeste d'humour.

Bon appétit à vous !

Helen Monnet et sa société
Selfarmonia proposent des séminaires
sur la gestion du stress
www.selfarmonia.com

Selfarmonia

L'autonomisation du potentiel humain

Du même auteur

* *Les 50 règles d'or pour ne pas stresser*, « mini Larousse », 2014
* *Rebondir après un licenciement*, « Poche », Larousse, 2015
* *Petits exercices de lâcher prise*, « Petits Cahiers », Larousse, 2015

Achevé d'imprimer en Italie par Rotolito Lombarda
Dépôt légal : juin 2015
316017 / 01 – 11029950 – Mai 2015